ちくま学芸文庫

聖トマス・アクィナス

G.K.チェスタトン
生地竹郎 訳

JN090178

筑摩書房

Gilbert Keith Chesterton

ST. THOMAS AQUINAS

Hodder and Stoughton, 1933

目次

聖トマス・アクィナス

はしがき

　今よりももっと世に知られて然るべきひとりの偉大な歴史的人物の一般向けの概説書——それが偽らぬ本書の狙いである。もし本書が聖トマス・アクィナスに関してほとんど聞いたこともないような読者を導いて、彼についてのさらに優れた書物へと誘う働きをすることになれば、本書の目的は達せられるであろう。この必然の制約から生じる結果については、最初からご斟酌をお願いしておかねばなるまい。

　第一に、この物語は、主として、聖トマスと同じ教派に属する人、つまりカトリック信徒ではなくて、孔子やマホメットに対して私が持っているのと同じような興味を彼に対してたぶん持っている人びとのために書かれたのである。だが、その反面、はっきりした輪郭を示す必要から、考え方を異にする人びとの間に存在する他のさまざまな輪郭を持った思想の中へ割り込んでいくことにもなる。もしもネルソン〔イギリス海軍提督。一七五八―一八〇五〕の略伝を、主として外国人のために書くとすれば、私はイギリス人なら誰でも知っているたくさんのことを念入りに説明する反面、簡潔にするために、イギリス人の多くが知りたがっているたくさんの詳細をおそらく割愛することになるであろう。だが、そうはいっても、彼がフランスと戦った事実をまったく隠して、なお生き生きとして感動的なネルソン物語を書くことは困難である。聖トマスの略伝を描いて、異端者との戦いの事実を隠すのは無益であろうが、それにもかかわらず、事実そのものが、事実を記す目的の妨げになることもありうるのである。私にとってできるのはただ、私を異端者とみなす人びとが「著者チェスタトンの確信は述べられているが、聖トマスの確信のほうは確かに述べられていない」という非難を私にむけることはなかろう、という希望と確信とを表明することだけである。このような問題がこのような簡単至極の物語とかかわるのは、ただ一点においてである。その点というのは私がこの本の中で一、二度表明していることだが、十六世紀の離教、つまりいわゆる宗教改革は、実は十三世紀の悲観主義者の反逆の蒸し返しだという確信である。それはアリストテレス的寛大さに対する古きアウグスティヌス的ピューリタニズムの逆流である。これなしには、わが歴史的人物を歴史上に位置づけることは私にはできない。しかし、本書の目的はただ風景の中のひとりの人物をざっと描くことだけで、たくさんの人物のいる風景を描くことではないのである。

　第二に、そのように単純化してしまった場合には、彼が哲学を持っていたことを示す以上に、この哲学者について多くを語ることはほとんどできない、ということになる。いってみれば私は彼の哲学の見本を若干示しただけである。結局、神学を十分に扱うことはほとんど不可能に近いということになる。知り合いのある婦人は、注釈つきの聖トマスの抜粋本を手にとり、希望をもって「神の単純性」という罪のない一章を読み始めた。やがて彼女はため息をついてその本を置くと、「これが神の単純性というものなら、神の複雑性というのはどんなものかしら」と言った。彼女の素晴らしいトマス注釈はそれなりに面白いけれど、この本はちょっと見ただけで、彼女と同じようなため息とともに投げ出してもらいたくはないのである。私は、伝記は哲学に人を導き、哲学は神学に人を導くと考えてきたものであるが、私にできるのは、せいぜいこの物語の第一の段階の彼方へ読者を連れて行くことだけであろうと思う。

第三に、聞きなれない用語で、現代の大衆を恐怖に陥れようとして、中世の悪魔学の文章をリプリントして、しばしば必死になって俗受けを狙っている批評家がいるが、私は彼らを気にとめる必要があるとは思わない。アクィナスと彼の同時代人たちのすべて、および、その後数世紀に及ぶその反対者たちが、悪魔とかそれに類似する事実を信じていたことは、当然のことながら、教育のある人びとは知っている。しかし、そういったことについて述べる価値があるとは私は考えない。その理由は簡単である。そういったことによって聖トマスの人間像をひき立て、きわだたせる助けにはならないからである。悪魔学については、プロテスタントであれ、カトリックであれ、いやしくも神学が存在した数世紀間は、神学者間に意見の不一致はなかった。聖トマスは同じような見解を保持してはいたが、どちらかといえば、穏健な態度であったという以外にきわだったものはない。私がそれを論じなかったのは、隠す必要があったからではなく、ここで私が明らかにする義務のあるひとりの人物の人格とそれが少しも関係ないからである。実のところ、このような人物をそのような枠に入れる余地はほとんどない。

一　二人の托鉢修道士

天使博士（聖トマス）の守護天使すら踏み入ることを恐れているような場所へ突進する悪名高い人物、と人から呼ばれることを覚悟の上で、私は本書を書き始めることにしよう。かなり前のことであるが、私はアシジの聖フランチェスコ〔イタリアの聖人。フランシスコ修道会創立者。一一八二―一二二六〕について、同じ型で同じ形状の本を書いた。その後しばらくして（歌の文句ではないが、いつ、どのようにしてか、いわんやなぜか、しかとはわからぬが）、聖トマス・アクィナスについて、同じ大きさ、もしくは同じ小ささの本を書く約束をしたのである。その約束は向こう見ずという点でフランチェスコ的であったが、それと対をなして論理はトマス的という具合にはとうていいかなかった。聖フランチェスコの素描をすることは可能であるが、聖トマスのほうは、迷路だらけの都市の設計図のような設計図しか書けないであろう。しかしながら、ある意味で彼は、これよりもはるかに大きいか、あるいは、はるかに小さい本にぴったりした人物といえるのである。われわれが彼の生涯について現実に知っていることは数ページ内で適当に扱うことができよう。というのは、彼の場合は、聖フランチェスコとはちがって、ふりそそぐ個人的な挿話や人口に膾炙した伝説の俄か雨の中に姿を没してしまうことはないからである。われわれが知っていること、知りうること、または彼の著作についてついに知る幸運を得るかもしれないこと——これらは将来において、おそらく過去におけるよりもはるかに多くの図書館をみたすであろう。聖フランチェスコの輪郭を描くことは可能であるが、聖トマスとなると、問題はすべて輪郭の中味をいかにしてみたすかにかかってくる。称号そのものが指小辞である小さき貧しき者《イル・ポヴェレルロ》の細密画を彩色挿画で飾ることはある意味では中世紀的でさえあった。しかし、シチリアのだまり牛について簡潔な要約をすることは、紅茶茶碗の中で牛に関するあらゆる消化力の実験をやってみるよりひどいことである。今では、誰でもが、歴史やその他さまざまの輪郭を書けるようなので、われわれも伝記の輪郭が書けるという希望を持たねばならない。だが、われわれの場合に限ってその輪郭は規格外である。この巨大な托鉢修道士を包むことのできるガウンは在庫品の中にはない。

　出来上がったものは、すでに述べたように、せいぜい二人の肖像の輪郭だけである。だが、二人のコントラストは具体的には著しく大きく、輪郭だけの二人の姿であっても托鉢修道士のガウンをまとうて丘を越えてくるのを現実に見たならば、そのコントラストは滑稽に見えるであろう。まるでドン・キホーテとサンチョ・パンサ、あるいはフォルスタフ〔シェイクスピア作品の登場人物〕とスレンダー殿〔同上〕のシルウェットを遠くから見るようなものである。聖フランチェスコは痩せた生き生きした小男で、糸のように細く、弓の弦のように振動し、動作は放たれた矢のようである。彼の全生涯は突進と疾走の連続であった。矢のように乞食のあとを追っかけたり、裸のまま森の中に飛びこんだり、見なれぬ船に飛びこんだり、スルタンの天幕に飛びこんで、自分から火の中に飛びこもうと申し出たりする。一見したところでは、風に吹かれても永遠にひらひら躍る、筋ばかりになった薄い褐色の秋の葉のようであったに相違ない。だが、彼のほうこそ実は風だったのである。

聖トマスは大きくて重い牛のような人物であった。太って悠然として、物静かで、非常に穏やかで、太っ腹であるのに、非常に社交的というわけではなく、聖なる謙遜とは別に内気であり、時々訪れるけれども注意深く秘めていた脱魂・恍惚の状態とは無関係にぼんやりしていた。聖フランチェスコは火のように激しく、せかせかした人柄でもあったので、突然彼が姿を現わせば、そこにいあわせた聖職者たちは彼を狂人だと考えた。聖トマスは非常にのろまであったので、彼が規則正しく出席した学校の生徒たちは彼をうす馬鹿と考えた。こういう人物はままいるものだが、自分より活溌で元気盛んなうす馬鹿どもに自分の夢を邪魔されるよりは、自らうす馬鹿と思われていたほうがはるかにいいと考えるたちの生徒だったのである。この外面的コントラストは二人の人柄のほとんどすべての点にまで及ぶのである。情熱的に詩を愛しながら、書物にはどちらかといって信用を置かなかったのは、聖フランチェスコの逆説だった。聖トマスに関する顕著な事実を言えば、書物を愛し、書物によって生き、また、この世が与えるどんな富よりもアリストテレスとその哲学に関する百冊の書物のほうをのぞんだ『カンタベリー物語』〔十四世紀最大のイギリス詩人ジェフリー・チョーサーの物語集〕中の、オクスフォードで聖職修業中の学生そのままの生活を送ったのである。神に対して何を最も感謝するかと問われた時、彼はただ、「今までに読んだ書物のすべてのページを理解したことです」と答えたのである。聖フランチェスコは自分の書いた詩の中では生き生きしているが、その記録文書の中では曖昧である。聖トマスはその全生涯を異教とキリスト教の文献の全体系の記録に捧げたが、時たま休日をとった人のように聖歌を書いたのである。彼らは同じ問題を単純と精妙という相異なる角度から眺めたのである。聖フランチェスコはマホメット教徒に、マホメットを礼拝しないように説得するには心のたけを吐露するだけで十分だと考えた。聖トマスは人びとがアリストテレスを誤解しないようにとのひたすらの思いから、絶対性とか偶有性とかについてあらゆる種類のきわめて細かい区別立てと演繹的推論とを行なうことに頭を痛めたのである。聖フランチェスコは中産階級の商店主の息子であった。彼の全生涯が父親の商人的生活に対する反逆であったにもかかわらず、彼にはどことなく市場を蜂の巣のように活気づけるすばしこさと社会的適応性とがあった。月並みな言い方をすれば、彼は緑の野原を愛したけれども、自分の足もとに緑の草が生えることを許さなかった。彼はアメリカの百万長者やギャングたちのスラングでいう、「生き生きした（電流の通った、の意）電線」、つまり活動的な人間であった。生物を想像しようとする時ですら、無生物からの機械的な隠喩しか思いつかないということは機械的な現代人らしい現象である。生き生きした虫というものはあるが、生き生きした電線というものはない。聖フランチェスコは自分が虫であることには心から賛成したであろうが、もしそうとすれば、彼はたいへん生き生きした虫であった。進んで金もうけしよう主義の理想に対して最大の敵であった彼は、確かに金もうけは放棄していたが、進むことは止めなかった。その反面、聖トマスはそうしようと思えば余暇を楽しめる世界に生まれた人で、その仕事にはいつまでもどこか余暇の平静さをとどめている人間のひとりだった。彼は勤勉家ではあったが、誰も彼をがめつい活動人間と思い違いすることはなかった。彼は、働く必要がないのに働く人を特徴づける、どこか形容し難いところを持った人間だった。生まれながらにして大家《たいけ》出身の高貴の人で、そのような落ち着きは、それがもはやひとつの動機になっていない場合にも、習慣としてとどまる可能性を持っている。しかし彼の場合、落ち着きは最も魅力のある現われ方をしていた。たとえば彼のたくまぬ礼儀正しさや忍耐の中にそれは何となく存在していた。すべての聖人は彼が聖人である以前に人間である。そしてあらゆる種類の人間が聖人になりうるのである。そしてわれわれの多くは、これらさまざまの型の聖人の中から好みに従って好きな聖人を選びとるのである。だが、打ち明けて言えば、私の場合、聖フランチェスコのロマンティックな栄光は、その魅力を少しも失わなかったけれども、年を取るにつれて私は、大家《たいけ》を相続した人のように、無意識に大きな心と大きな頭に住みつき、うわの空同然ながら、大家《たいけ》の相続人同様の気前よいもてなしぶりを発揮したこの人に対して、前者同様、否、ある点ではそれ以上に大きな愛着を覚えるようになったのである。この世界を歩き回ったのに、最も世俗的でなかったかの聖フランチェスコも私の眼には有能すぎると思われる瞬間があった。

聖トマス・アクィナスは、十年前でもきわめて驚くべきであったろうと思われる仕方で、近ごろ、再び大学やサロンの現代的教養の中に出現している。彼に集中したムードは、二十年前に聖フランチェスコを人気者にしたムードとは疑いもなく非常に異なっている。聖人は解毒剤だから医薬であるといえる。事実、聖人がしばしば殉教者である理由はここにある。解毒剤であるがゆえに毒と間違えられるのである。一般に聖人は、世の中が無視しているもの――それは必ずしもどの時代にも同じ要素ではない――を誇張することによって世の中を健全な状態に戻していることがわかるであろう。だが、各々の世代は本能によってその聖人を求めるが、聖人とは人がのぞむものではなくて、むしろ人が必要とするものなのである。ここから最初の聖人たちに対して言われた「汝らは地の塩なり」〔新約聖書「マタイ福音書」第五章第一三節〕という言葉の非常に誤った意味が出てくるのである。そこで、ドイツの元皇帝は、おごそかに、彼の肉づきのいいドイツ民族は地の塩だと述べたのである。その意味は、ドイツ民族は地上で最も肉づきがよいから、最もすぐれているという意味にすぎないのである。塩というものは、牛肉に味をつけ、牛肉を保存するが、それは塩が牛肉とは似ても似つかぬものだからである。キリストはその使徒たちにむかって、お前たちは優秀な人間にすぎないとか、お前たちは唯一の優秀な人間だとかいうふうには言い給わなかった。お前たちは例外的な人間だ、永遠に（この世とは）不釣合いで両立しない人間だと言い給うたのである。また地の塩についての聖書の本文は、塩の味と同じように鋭く、激しく、強烈である。彼らが例外的な特質を失ってならない理由は彼らが例外的な人びとだからである。「塩もし其の味を失はば、何を以てか是に塩せん」〔同前〕という言葉は、最良の牛肉の価格を嘆くよりも、はるかに鋭い質問なのである。世が現世的にすぎるようになると、教会が批難することになるが、逆に教会が現世的にすぎるようになった場合、現世的だという世からの批難は十分ではない。

だから、各々の世代がその世代に最も反対する聖人によって回心させられることになるのは歴史の逆説というべきである。聖フランチェスコは、ヴィクトリア朝人、すなわち、表面的には自分たちの商業と常識に非常に満足であったらしい十九世紀のイギリス人に対して、好奇心をそそるような、また気味悪いといってもいいほどの魅力を持っていたのである。マシュー・アーノルド〔イギリスの詩人、批評家。一八二二―一八八八〕のように、どちらかといえば自己満足していたイギリス人だけではなく、彼から自己満足しているといって非難されたイギリス自由党員までが、ジョット〔イタリアの画家、建築家。一二六六頃―一三三七〕の聖人画で羽毛と炎とをもって語られている異様な物語を通して、中世の神秘を徐々に発見し始めたのである。聖フランチェスコの物語には、非常に有名で間抜けのイギリス気質すべてをさし貫いて、表面には出ないが人間的なイギリス気質のすべて――つまり人目につかぬ心の優しさ、精神の詩的茫漠性、風景愛と動物愛――に至る何ものかがあった。アシジの聖フランチェスコは自分自身のいさおしによってイギリスで現実に人気を博しえた唯一の中世カトリック教徒であった。現代世界がこれらの特別ないさおしを無視してきたのは、主として意識下のある感情のせいであった。イギリスの中産階級は、世界中のあらゆるタイプの中で最も軽蔑したタイプの人間、つまりイタリア乞食の中に彼らの唯一の布教者を発見したことになる。

ながらくロマンスを無視してきたがゆえに、十九世紀がフランチェスコのロマンスにくいつくことになったのとまさに同様に、理性を無視していたがゆえに、二十世紀はトマスの合理主義的神学にくいつくことになったのである。あまりにも鈍感になりすぎた世の中に、キリスト教は放浪者の姿をとって帰ってきたし、あまりにも粗野になりすぎた世の中に、キリスト教は論理学の教師の姿をとって帰ってきたのである。ハーバート・スペンサー〔イギリスの思想家。一八二〇―一九〇三〕の世には、人は消化薬をのぞんだし、アインシュタインの世になると、人は目まいをなおす薬を欲した。第一の場合には、彼らは聖フランチェスコが『太陽の賛歌』をうたい、肥沃な大地を賛えたのは、長い大斎のあとであったことをおぼろげながら認めたのである。第二の場合には、彼らは、アインシュタインを単に理解しようと欲するならば、第一に悟性の効用を理解する必要があるということをすでにおぼろげながら認めている。十八世紀が自らを理性の時代と考え、十九世紀が自らを常識の時代と考えたように、二十世紀が自らを目して、異常なナンセンスの時代にほかならぬと今のところ考えざるをえない状態でいることを彼らは理解し始めている。このような状態で世界は聖人を必要とするのだが、とりわけ世界は哲学者の聖人を必要としているのである。以上二つの場合が示しているように、公正に言って世界は自分の必要とするものを求める本能を持っている。地球がまるいということを非常に力強く繰り返したヴィクトリア人たちにとって、現実には地球は平たかった。聖フランチェスコが聖痕を受けたアルヴェルノ山は平原にたったひとつ山として聳え立っていたのである。近代人にとってニュートンはプトレマイオスとともに葬り去られたが、その近代人にとって地球とは、地震、しかも絶え間のない、明らかに終わることのない地震なのである。近代人にとっては、山よりもけわしく、まだ信じ難くさえあるものがある。それは、実際に動くことのない一片の土地であり、分別ある思想を持ったかの人の立つ一平面である。このような次第でわれわれの時代に二人の聖人が、二つの世代――ロマン派の時代と懐疑派の時代にアピールしたのである。だが、二人はそれぞれの時代において同じ仕事、つまり世界を変革する仕事を行なっていたのである。

　ここでも二人は正確に言うと、同じ世代に属していたのでもなければ、同じ歴史的瞬間に属していたわけでもないから、実際、右のような比較は無益であり、単なる空想としてもぴったりしないというふうに言うこともできる。もしも二人の托鉢修道士を天国の双生児として表現することができるとすれば、聖フランチェスコと聖ドミニコ〔ドミニコ会の創設者、カトリックの修道士、聖人。一一七〇―一二二一〕との間にははっきりした比較が可能である。聖フランチェスコと聖トマスとの関係はせいぜい近くて伯父と甥の関係であるが、伯父・甥などという空想的なつけたりを言うと、「トマスちゃん。伯父ちゃまに席を譲りなさい」式のきわめて冒瀆的な言辞を弄したことにしか見えないであろう。その理由は、聖フランチェスコと聖ドミニコとが偉大なる双生児だとすれば、トマスは聖ドミニコの最初の偉大な息子であったからであり、それはトマスの友人ボナヴェントゥーラ〔十三世紀イタリアの神学者。一二二一―七四〕の聖フランチェスコに対する関係に等しかったからである。にもかかわらず私にはひとつの理由（実際には二つの理由）があって、タイトル・ページが二枚になるようなことをやってのけて、聖トマスをフランシスコ会士のボナヴェントゥーラと組にするかわりに、聖フランチェスコと並べるのである。この比較は、時間的に距離がある上に、誤ったものに見えるかもしれないが、実は歴史の核心への一種の近道であり、聖トマス・アクィナスの生涯と業績についての真の問題に最も早く行ける道に沿ってわれわれを導くからである。というのは、たいていの人たちは、今では、アシジの聖フランチェスコの生涯と業績の粗雑ではあるが生き生きとした映像を心中に抱いているからである。その他のことを最も手っ取り早く語るには、この二人の人物はほとんどすべての特徴において対照的であるけれども実は同じことをしていたのだと言えばいいのである。ひとりは精神の世界で、他は世俗の世界において実は同じことを行なっていたのである。だが、それは今なおほとんど理解されてはいないが、同一にして偉大な中世の運動であったのである。建設的な意味では、これはいわゆる「宗教改革」よりも重要であった。いや建設的な意味では、これこそは本物の宗教改革だったのである。

この中世の運動で、まず第一に強調しなくてはならぬ事実が二つある。むろんそれらは互いに対立する二つの事実ではなく、おそらくは相対立する誤謬への解答となるであろう。

第一に、かつては迷信だとか暗黒時代だとか、スコラ学の不毛だということがいろいろ言われたが、それにもかかわらず、この中世の運動は、あらゆる意味での拡大運動であり、つねに大きな光と、より大きな自由の方向に動いていたということである。第二に、のちになってから、進歩だとか、ルネサンスだとか、近代思想の先駆者だとか、いろんなことが言われることになるが、それにもかかわらず、この中世の運動は、ほとんど完全に正統神学的熱意の生んだ運動で、内側から出たものである。それは現世との妥協でも、異教徒や異端者への降伏でもなかった。外部の助けを借りている時でも、なお単なる借用ではなかった。共通な太陽の光に達した限りにおいて、それは自力で葉を太陽にさし出す植物の動きに似ていた。日光を牢獄に入れる人の行動とは似ていなかった。

要約すれば、それは専門語で教義上の発展と呼ばれるものであった。だが、発展という言葉については、その専門的な意味ばかりでなく、自然の意味についてすら奇妙な無知が存在するように見える。カトリック神学の批判者たちは、それが進化であるよりもむしろ逃避であり、よくしたところで適用だと想像しているようである。彼らはその成功は、まさに降伏することへの成功であったと想像する。それは発展（development）という言葉の自然の意味ではない。われわれは、ある子供がよく発育した（well-developed）という場合、それは子供が自力で以前より大きく強くなったことを意味するのである。借りた枕をシャツの中に入れたり、背を高くするために竹馬に乗って歩くことではない。小犬が発育して一人前になったとわれわれが言う場合、小犬が次第に猫と妥協するようになることを意味するのではない。小犬がさらに犬らしくなるということ以外には何ものをも意味しないのである。発展とは、ひとつの教義が持つすべての含蓄と可能性とを拡大することである。含蓄や可能性を区別したり引き出したりするためにはそれにふさわしい時があるからである。ここで要点を言えば、中世神学の拡大とはその神学の十分な把握にすぎないということなのである。偉大なドミニコ会士と最初のフランシスコ会士の時代について、最初にこの事実を認識しておくことが最も重要である。というのは、さまざまな方向で現われる彼らの人間的、自然的傾向は事実ドグマの中のドグマというべきかの最高の教義の発展であったからである。ここにおいて聖フランチェスコの大衆的な詩と聖トマスの唯理的といって然るべき散文とが、同じ運動の一部分として、最もはっきりした姿を現わすのである。両者はともにカトリックの発展の生んだ偉大な成長物であり、すべての生きて成長するものが、そうするという意味でのみ外的なものに依存しているのである。言いかえれば外的なものを消化し変形したけれども、自らの姿をとりつづけるのであって、外的なものの姿をとることはない。仏教徒や共産主義者は完全な同化の一形式として同時に互いに食べあう方式を夢想するかもしれない。しかし現実の生きものにおいて、そのようなことは起こらない。聖フランチェスコはトゥルバドゥール（中世のオック語抒情詩の詩人、作曲家、歌手のこと）の神と呼ばれることではなく、神のトゥルバドゥールと自らを呼ぶことに満足したのである。聖トマスはキリストをアリストテレスに和解させたのではなく、アリストテレスをキリストに和解させたのである。

太った人と痩せた人、背の高い人と低い人という、顕著で滑稽な比較・対照にもかかわらず、また放浪者と学者、徒弟と貴族、書物嫌いと書物好き、布教者の中で最も野性的な人間と大学教授の中で最も温厚な人間という対照にもかかわらず、これら二人の偉人が、ひとりは書斎、ひとりは街頭という差こそあれ、同一の偉大な仕事をなしつつあったことは中世史上、まことに偉大な事実である。彼らは異教的・異端的なものをキリスト教に持ち込むという意味で、なにか新しいものをキリスト教に持ち込んだのではなかった。その逆に彼らはキリスト教をキリスト教世界に持ち込みつつあったのである。彼らは歴史的傾向の圧力に逆らって、キリスト教会内の大きな学派や権威の中で硬直して習慣と化していたのとは異なる本来のキリスト教を持ちかえってきたのである。彼らは多くの人には異端とか異教とかに結びついて見えた道具や武器を用いた。聖トマスがアリストテレスを用いたのと同じくらいに、聖フランチェスコは自然を用いた。ある人には彼らが異教の女神と異教の賢者を利用しているように思われた。本書は彼ら、特に聖トマスが現実に行ないつつあったのは何か、という問題を主として扱おうとするものである。だが、最初から彼をさらに人気のある聖人と比較できるのは好都合である。そうしたほうが最も大衆的な仕方で問題の核心を要約できるからである。これら二人の聖人がわれわれを霊性への偏向というひとつの恐ろしい破滅から救ったと言えば、たぶんあまりにも逆説的と聞こえるであろう。聖フランチェスコはその動物愛好にもかかわらず、われわれを仏教徒たることから救ったといい、聖トマスはそのギリシア哲学愛好にもかかわらず、われわれをプラトン主義者たることから救ったといえば、たぶん、そのことは誤解を招くであろう。真理は簡単に述べるのが最もよい。つまり、彼らはともに神を地上に連れ戻すことによって御託身《インカーネーション》という教義を再確認したのである。

この類比はどちらかといって関連が薄いように見えるかもしれないが、実は聖トマスの哲学への最善の実際的な序言となるであろう。カトリシズムの純粋に霊的で神秘的な側面は、プラトン主義者であり、おそらく終始プラトン主義者たることを止めなかったアウグスティヌスの天才を通じ、アテナイの至高法院《アレオパゴス》の裁判官の手になると想像されている著作〔偽ディオニシウス・アレオパギタの著作のこと〕の超絶主義を通じ、また後期ローマ帝国の東洋的傾向とビザンティウムの祭政一致的主権にからまるアジア的要素とを通じて、初代カトリックの数世紀間ではきわめて優勢だったのである。これらのものすべては、われわれが西方的要素として概括するものを圧迫していたのである。もちろん、西方的要素の共通感覚は、肉体となったこと、つまり、イエズスに対する神聖な親近感であるが故に、西方的要素もまたキリスト教的要素と呼ばれる権利を同様に持っているのであるが……。いずれにせよ、神学者たちは、触れることも翻訳することもできない──自分たちの知恵のいかなる部分も現実世界に根を下ろしていないかのように──真理を内奥に所有して、幾分硬化した結果、一種のプラトン的誇りを抱くまでに至っていたと言うだけで今は十分であろう。さて、アクィナスが行なった最初の──決して最後のではない──事柄は、これら純粋の超絶主義者たちにむかって次のような要点のことを言うことであった。

「あなたがたが脳中にきらめくダイアモンドをお持ちで、それが最も完全な数学的な形にデザインされて、純粋な天上の光で輝いていることを、貧しい一托鉢修道士が否定するなどとんでもない話です。すべては、あなたがたが──見たり聞いたり感じたりするのは言うまでもなく──考え始めるまえにそこにあったのです。だが、私は自分の理性が感覚によって養われていることを知っていると言うのを恥ずかしいとは思いません。私の考えることの多くが、私が見たり、嗅いだり、味わったり、扱ったりすることからきていることも、そして、私の理性に関するかぎり、すべてこの現実を現実として取り扱わずにはいられないと感じていることも……。謙遜な心で簡単に申しますと、神は、人間が所有する幸福に恵まれている、かの特殊にして高尚、かつ抽象的な知性のみを人間が行使するように意図し給うてはいない、と私は信じるのです。しかし感覚により理性の扱う主題として与えられる事実という中間分野があること、その分野では理性が人間の中に在る神の代表者として支配権を有することを私は信じるのです。なるほどこのものは天使よりも低いが、動物よりは高いものです。そして人間は現実の物質的対象を身のまわりに見出すのです。事実、人間はまた自分でも対象に、しかも嘆かわしき対象になりうるのです。だが人間はすでに行なったことを再び行なう可能性を持っています。もし私がそのように行なうことを、アリストテレスと呼ばれる古代の老異教徒が助けてくれるなら、私はまったくの謙遜の心から彼に感謝するでしょう。」

このようにして通常アクィナスのアリストテレスへの呼びかけと言われているものが始まっている。それは理性と感覚の権威とへの呼びかけと言ってもかまわない。聖フランチェスコが天使に対してだけではなく、鳥に対しても耳を傾けたという事実の中に、誰にでもわかるような一種の類似性があることは明らかである。非常に厳密に知的な聖トマスの側面に至る前に、聖フランチェスコにおけると同様、彼の中にも準備的、実際的な、どちらかと言えば道徳的な要素があること、一種の善良で率直な謙遜さがあること、そして聖フランチェスコが自己の肉体を驢馬にたとえたように、いくつかの点で自分も動物であるとみなす用意があったことに気づくであろう。動物的比喩においてすら、二人のコントラストは至るところで成立するのである。聖フランチェスコがキリストをエルサレムへ運んだあのありふれた、庭で飼っている驢馬に似ていたとすれば、実際に牡牛になぞらえられていた聖トマスはアッシリア的ともいうべき神秘性を備えた黙示録の怪物、翼のある牡牛にどちらかというと似ていたのである。再び言うが、コントラストをなすすべてをきわだたせるあまり、共通点を見えなくしてはならないし、また彼らのうちいずれも、高慢すぎてベツレヘムの馬小屋の牡牛や驢馬のように忍耐強く待っていることができないような種類の人間ではなかったことを忘れてはならない。

むろん、まもなく明らかになるように、聖トマスの哲学の中には、五感によって養われる中心的な常識というこの基礎的観念のほかに、多くのさらに綿密で複雑な観念があった。だが、この段階において重要なことは、これがトマスの教義であったばかりでなく、真にすぐれてキリスト教的な教義でもあったということである。この点について、現代の著作家は多くのナンセンスを書き、ふだんの賢明さにも似ず、要点を逸している。解放された人間は必然的に宗教を脱して非宗教に至る、というふうに出発点において議論もせずに仮定してしまうので、まさしく茫然として盲目的に、彼らは宗教それ自体の卓越した特徴を忘却してしまっている。

聖トマス・アクィナスが人間の知性の偉大なる解放者のひとりであるという事実をこれ以上人に隠すのは不可能である。十七、八世紀の分派主義者たちは本質的には蒙昧主義《オブスキュランティ》者《スト》であった。その彼らは、このスコラ哲学者が蒙昧主義者であるという蒙昧主義的伝説を擁護した。十九世紀においてすらこの伝説は磨滅したが、二十世紀においてはもはや成立しえないであろう。それは分派主義者やトマスの神学の現実とは関係がない。それは論争が終わり始めると再び現われてくる歴史的平衡という現実と関係があるのである。単に歴史上大きくふくらんで行く事実のひとつとして、トマスは宗教を理性と和解させ、それを実験科学のほうへ拡大し、そして感覚は霊魂の窓であり、理性は事実から養分をとる神聖な権利を持ち、信仰の任務は最も強力で実際的な異教哲学の強靭な肉を消化することにあると主張した非常に偉大な人物であったと確信できるのである。ナポレオンの戦略に似た一事実として、アクィナスは、その競争者たち、その問題に関する彼の後継者たち、地位横奪者たちと比較してみた場合、自由なるもの、啓蒙的なるものすべてのために戦ったといえるのである。他のさまざまな理由から、いわゆる「宗教改革」の終局的結果を正直に受け入れる人は、それにもかかわらず、このスコラ哲学者こそは真の改革者であり、それと比較した場合に、後世のいわゆる改革者は反動にすぎなかったという事実に直面するであろう。反動という言葉を、私は個人的見解から出た非難の辞として用いているのではなく普通の近代的進歩主義の立場に立って、ひとつの事実として用いているのである。たとえば彼らはヘブライ語聖書が一字一句完全で十分であるという信仰に精神を集中したが、その時、聖トマスは聖霊がギリシア哲学に恩寵を与えているという考えをすでに述べていたのである。トマスは社会的な行動の義務を主張したが、彼らは霊的な信仰の義務を主張しただけであった。理性は信頼できるというのがトマスの教えのまさに生命であったが、理性ははなはだしく信頼できないというのがルターの教えの生命であった。

この事実が事実としてはっきりしてくると、すべての不安定な反対は、にわかに正反対の極論に変わる危険性がある。その瞬間までこのスコラ哲学者を独断家《ドグマティスト》と非難していた人びとが、今度は教義《ドグマ》をうすめた近代主義者として賞賛し始めるだろう。彼らは急いで彼の像を色あせた進歩の花輪で飾り、つねに彼の時代に先んじた人――そのことはつねにわれわれの時代の基準に従って考えられているのだが――として彼を表現し、それによって近代精神を生んだというわれわれのない汚名を着せ始めるのである。彼らは彼の魅力を発見するであろう。そして魅力的なるがゆえに、幾分軽率にも彼が自分たちに似た人であるかのように思い込むであろう。ある程度までそれは許されることであり、ある程度まで同じことが聖フランチェスコの場合にはすでに起こっている。だが、聖フランチェスコの場合は一定の限度を越すことはなかった。ルナン〔フランスの思想家、宗教史家、文献学者。一八二三―九二〕やマシュー・アーノルドのような自由思想家でさえ、聖フランチェスコが信心深いキリスト教徒以外の何かであったとか、彼のもともとの動機はキリストの模倣をすることとは別であったというふうには主張しなかった。しかし、たぶん知性よりはむしろ想像力の面においてではあるが、聖フランチェスコもまた宗教に対して解放と人間化の方向へ影響を及ぼしているのである。だが誰も聖フランチェスコがキリスト教の綱紀をゆるめたなどとは言わなかった。修道服をなわ帯で締めるように、彼は綱紀をも締めていたからである。彼が懐疑的な科学への門を開いたにすぎぬとか、異教的ヒューマニズムへの通行券を売ったとか、ひたすらにルネサンスを待ちこがれていたとか、合理主義者と妥協したとかいう人もまたいない。どのような伝記作家も、聖フランチェスコが手当り次第福音書をめくって貧乏についての偉大な章句を読んだと言わずに、彼は実は異教の文学と学問とに対する敬意から『アエネーイス』をぱっと開いて「ウェルギリウス占い」をやっただけだと主張したりはしない。どんな歴史家も聖フランチェスコがアポローンに捧げたホメーロスの賛歌をそっくりまねて『太陽の賛歌』を書いたとか、ローマの占い者の手の内を全部注意深く学びとったため鳥を愛したなどの主張はしないであろう。

要するにたいていの人は、キリスト教徒であっても異教徒であっても、フランチェスコの気持が第一義的にキリスト教的であって、心の奥からの、キリスト教に対する無垢（あるいは無知）の信仰から出たものであるという意見に同意してくれるであろう。先に述べたように、聖フランチェスコがその主要な霊感をオウィディウス〔古代ローマの詩人。前四三―後一八〕から引き出したというものはいない。聖トマスがその主要な霊感をアリストテレスから引き出したというのもまったく同一の誤りであろう。彼の生涯、特に若いころに学んだ教訓、そして幼年時代と生涯の道の選択とにからまる物語全体が示しているところによれば、彼は最高に、完全に信心深い人であったし、彼がそのために戦わねばならなくなるよりもずっと以前から熱烈にカトリックの信仰を愛していたことがわかる。このことについて、聖トマスと聖フランチェスコとをもう一度結びつけるひとつの特別な、決定的な事実が次にある。聖フランチェスコが獣の間を謙虚に歩んだり、聖トマスが異邦人の間で礼儀正しく議論したり、二人が感覚や素朴な自然物を是認していたころに、これら二人の聖人は、オヴィディウスはむろんのこと、アリストテレスでもないひとりの主を現実に模倣していたことが奇妙に忘れられているように見える。

　これを見落とす人は、宗教――たとえ迷信であってもいい――の要点を見落とすことになる。否、彼らが最も迷信的と称しているまさにその点を見落とすことになるのである。それは「神にして人」という福音書中の、人を茫然たらしめるあの物語全体のことである。それが聖フランチェスコに関連し、また彼が福音書に対して、まじり気のない、学問以前の訴えをしていることにも関連していることすら見落とす人がいるのである。彼らは聖フランチェスコがすすんで花や鳥から学ぼうとしたことを、前向きに異教的なルネサンスだけをさし示しているもののように語るのである。しかし事実は、彼らを正面からねめつけている。第一にそれは後向きには新約聖書をさし示しているのである。第二に、それは前向きには、もしそれが何かを示しているとすれば、聖トマス・アクィナスの『神学大全』のアリストテレス的実在論を示しているのである。彼らは、神性の人間化が、実に「信経」の中でも最も強力で、最もはっきりした、そして最も信じ難い教義であることを見ないで、神性を人間化する人は必然的に神性を異教化しているにちがいないというふうに漠然と想像するのである。聖フランチェスコは野の百合や空の鳥のことを考えていた時に、単に仏陀に似るだけではなしに、ますますキリストに似てきたのであり、聖トマスは、神と神の似姿が物質を通して物質的な世界と接触するようになったと主張した時に、実はますますキリスト教徒になりつつあったのである。単に前よりもアリストテレス学派の傾向が増しただけではなかったのである。これらの聖人たちは言葉の最も厳密な意味でヒューマニストであった。なぜなら、彼らは事物の神学的な体系の中で人間の占める測り知れない重要性を主張したからである。しかし彼らは、近代主義と一般的懐疑主義に至る進歩の道を進軍するヒューマニストだったのではない。というのは、彼らは、彼らのヒューマニズムそれ自体の中で、現在では最も迷信的な超ヒューマニズムとみなされている教義を主張していたからである。彼らは懐疑派が最も信じ難いとする、人をたじろがせるようなあの「御托身の玄義」を強化していたのである。キリストの神性よりも強烈なキリスト教的神性はありえない。

これが急所をつく要点である。つまり彼ら二人は、より合理的、より自然的になった時に、より正統的となったのである。このように正統的であることによってのみ、彼らはこのように合理的で自然的たりえたのである。換言すれば、現実に自由神学と呼んで然るべきものが内側から、つまりカトリシズム本来の玄義から発展したのである。しかしその心の広さ《リベラリティ》は自由主義《リベラリズム》とは何の関係もなかった。事実、今日でもそれは自由主義（原注）とは共存しえない。非常に説得力のある問題であるから、私の意味するところを説明するために、聖トマスの一、二の特別な考え方を取り上げて見よう。あとでしなければならぬトマス哲学の初歩的な概説とは無関係に次の要点を注目することにしよう。

（原注）自由主義という語を、私はここではニューマンその他の神学者が用いたような、厳しく限定された神学的意味で用いる。のちに示すように、世間でいう政治的な意味でなら、聖トマスは特に彼の時代としてはどちらかというと自由主義者の傾向を持っていた。

たとえば人間はその全人性で研究されなければならない、人間は肉体がない時には、ちようど霊魂がない時と同じように人間ではない――これが聖トマスのひとつの特徴的な考え方であった。屍体は人間ではない。だが亡霊もまた人間ではないのである。アウグスティヌスやアンセルムス〔初期スコラの神学者。北イタリア出身。一〇三三―一一〇九〕の初期の学派は、どちらかというと、このことを無視して、暫時、とるにたらぬナプキンで包まれている唯一の必要な宝として霊魂を扱ったのである。ここにおいてすら彼らは、より霊的になることにおいて、より正統的ではないということになった。彼らは、時として輪廻の国の方までひろがっている東方の砂漠の境界のあたりを徘徊したのである。輪廻の国では、本質的な霊魂がたくさんの本質的でない肉体を通って、鳥や獣のからだに生まれかわることが可能なのである。聖トマスは、人間の肉体は、彼の精神が彼の精神であるのと同じように、彼の肉体であり、人間はこの二つのものの均衡と結合にすぎぬという事実のために戦った。さて、これはある点で自然主義的な考えであり、物質的なるものに対する近代的な敬意、つまり、ウォルト・ホイットマン〔アメリカの詩人。一八一九―九二〕によってうたわれ、D・H・ロレンス〔イギリスの小説家・詩人。一八八五―一九三〇〕によって正当化される可能性のある肉体の賛美、すなわちヒューマニズムと呼ばれ、近代主義《モダニズム》によって主張される可能性のあるもの、にきわめて近いのである。事実それは物質主義であるかもしれない。しかし、それは近代主義とは正反対なのである。近代的観点からすれば、それは奇跡という奇跡の中で最も途方もない、そして最も物質的で、それゆえ最も奇跡的なものと結びついている。それは近代主義者《モダニスト》が最も受け入れない、最も驚くべき種類の教義、つまり「肉身の甦り」と特に結合しているのである。

また、啓示を擁護する彼の議論はきわめて合理主義的であるが、その反面、決定的に民主的・大衆的である。啓示を擁護する彼の議論は、少しも理性に逆らう議論ではないのである。それどころか、彼は、十分に合理的で時間さえたっぷりかければ、合理的な方法で真理に到達することができると認める傾向にあったようだ。実際、私が別の場所で楽天主義――他に適当な呼び方を知らない――と呼んだ彼の性格中のあるものによって、彼は万人が究極において理性に耳を傾けるであろう程度を誇大に考えることになったのである。論争において彼はつねに万人が理性に耳を傾けることを想定している。つまり、彼は議論が終局に到達する時には、人は議論によって納得させられると強く信じているのである。議論には果てしがないことを彼に教えたのは彼の常識だけである。もしもある人が私と気が合っていて四十年間毎晩議論しあったら、物質を精神の起源とする考えはまったく無意味であることを彼に納得させることができるかもしれぬ。だが、彼が臨終の床で納得するよりもずっと前に、別の唯物論者が千人も別に生まれているだろう。誰もすべての人にすべてのことを説明することはできないのである。聖トマスは、すべての普通の勤勉・素朴な人間の霊魂が、思想家や真理探究者の霊魂とまったく同じように重要だという見解を持っている。そしてこれらの人間すべてが真理を発見するのに必要な量の推論のために時間をどうすれば見つけられるのか、と彼は尋ねるのである。その一節全体の語調は、科学的探求に対する尊敬の念と平凡人に対する深い思いやりとを二つながら示している。啓示のために弁ずる神の議論は、理性に逆らう議論ではなくて、啓示弁証のための議論なのである。彼がそこから引き出してくる結論は、人は奇跡的な方法で最高の道徳的真理を受け取らねばならない、さもないと、たいていの人はそれらをまったく受け取ることはないであろう、ということである。彼の議論は合理的でかつ自然である。だが、彼自身の演繹はすべて超自然的なるもののためである。そして彼が議論する場合たいていそうであるように、彼独自の演繹以外にいかなる演繹を見つけることも容易ではない。ここまで来ると、われわれは、それは聖フランチェスコがのぞんだと仮定した場合と同じくらいに単純なあるもの、つまり、天からの御告げ、空の上から語られた物語、本当の事実であるお伽噺であることに気がつくのである。

自由意志のようなもっと人の関心を占める問題においては、それはもっとはっきりしてくる。聖トマスが他の何よりもまさってあるひとつのことに対して戦っているとすれば、それは従属的主権ないし従属的自治権と呼ばれるべきもののためである。気軽な言い方を許してもらうならば、彼は強固な「地方自治」論者なのである。われわれは彼が、従属する物の独立をつねに擁護してきたと言えるかもしれない。そのような物は自分自身の領域で自分自身の権利を持つことができる、と彼は主張したのである。それは理性および感覚の「地方自治」に対する彼の態度であった。「私は父の家では娘ですが、私の家では女主人なのです。」そして厳密にこの意味で、彼は、神に関する純粋に人格神論的一般論の中にしばしば呑みこまれることの多い、人間における尊厳を主張したのである。彼が人間を神から分離しようとのぞんでいた、というふうに言おうとするものはあるまい。しかし、彼は人間を神から区別しようとのぞんでいたのである。人間の尊厳と自由に関するこのような強力な感覚の中には、高貴なヒューマニスティックな心の広さとして現在評価されており、また、そうされる可能性のあるものが多くある。だが、忘れてならないのは、その結論が、多くの近代の自由主義者たちが否定せんとしている自由意志そのもの、もしくは人間の道徳的責任であったということである。この崇高で危険な自由に、天国と地獄、霊魂の神秘劇全体がかかっているのである。それは区別であって分離ではないが、人間は自らを神から分離することができるのであって、これこそはある面で、すべてのものの中で最大の区別なのである。

それはさらに形而上的な問題であり、のちに、あまりにも簡単とは言え、述べなければならぬものであるが、「多」と「一」に関する古くからの哲学的論争と同じものである。

いったい物は分類することが不可能なほどに相異なっているのであるか、それとも区別することが不可能なほどに統一されているものなのか。ここでそのような問題に答えようとするかわりに、われわれは、聖トマスが統一と同様に現実のものとして多様性の側にはっきりとくみしているとおおっぴらに言うことができる。このこと、ならびにこのことに近接した問題において、彼は、しばしば彼の模範であったギリシアの大哲学者たちと袂を分かっているし、ある意味で彼のライヴァルである東洋の大哲学者たちとも完全に別離する。チョークとチーズ、豚《ピッグ》とペリカンの相違は、単なる幻影でもなければ、光のために目がくらんでとまどった心の判断の狂いのせいでもなく、われわれがそうだと確信しているとおりのものであることを彼は十分に確信していたようである。これは単なる常識、つまり豚は豚であるとの常識だといえる。大地にしばられたアリストテレス的常識、人間的で異教徒でさえある常識に関連する限度内ではあるが……。しかしここで天と地の両極端が再会することに注意をとめよう。それはまた創造についての、そしてそれらを進化させる宇宙とははっきりちがったものとして、たとえば豚を創造し給うた創造主についてのドグマ的なキリスト教の理念につながっている。

以上のすべての場合において、われわれは最初述べられた点が繰り返されるのを見るのである。形而上学におけるトマス学派の運動は、道徳と作法におけるフランチェスコ派の運動と同様に一種の拡大であり解放であった。それは特に内部からのキリスト教神学の成長であって、異教的または人間的でさえあるものの下でキリスト教神学が萎縮したのでは決してなかった。フランシスコ会士は、（共誦祈禱）修道士になるように束縛されていたわけではなく、托鉢修道士になる自由を持っていたのである。しかし彼はそれ以上にキリスト教徒であり、それ以上にカトリックであり、なお、それ以上に禁欲者でもあった。それと同様にトマス学派はアウグスティヌス学派になるよう束縛されていたわけではなく、アリストテレス学派になる自由を持っていたのである。しかし彼はそれ以上に神学者であり、それ以上に正統神学者であり、その上、アリストテレスを通じ、すべての教義中で最も挑戦的なもの、つまり神と人と、そしてそれゆえに物との統合を再発見したことにおいて、それ以上に教義学者であった。十三世紀という世紀は、生きたものによって生み出された新しいものの大いなる成長であったことを理解しない人は、十三世紀の偉大さを理解することができない。その意味では、死んだものの中に発見された古いものの復活であったいわゆるルネサンスよりも、それは真の意味でもっと大胆であり、もっと自由であった。その意味では、中世の精神は「再生」ではなくて、むしろ「発生」なのである。中世は墓の上に神殿を建てたり、死者の国《ハデス》から死んだ神々を呼び戻したりはしなかった。それは近代技術と同じ新しさで建築物を造った。実際、それはいまだに最も近代的な建築なのである。ただ、それにつづいてルネサンス期においてはもっと旧式な建築が出て来たにすぎないのである。この意味で、ルネサンスを「逆戻り」と呼ぶことができよう。聖トマスの福音やゴシック建築についてどのようなことがいわれようとも、すべてそれらは「逆戻り」ではなかったのである。それはゴシック建築の巨大な突出に似た新しい突出であって、その力はすべてのものを新しくし給う神の中にあったのである。

一言でいえば、聖トマスはキリスト教世界をさらにアリストテレス的にすることにおいて、それをさらにキリスト教的にしたのである。これは逆説ではなくして、自明の理であり、アリストテレス学者とは何かがわかってもキリスト教徒とは何かを忘れている人が見落としているにすぎない事柄である。ユダヤ教徒、回教徒、仏教徒、理神論者、その他、はっきりとそれに代わりうるものと比較した場合、キリスト教徒とは神性、もしくは聖性が物と結びつき、感覚の世界に入ったことを信じる人を言うのである。この簡単な点を見落としている近代の著作家たちのあるものは、アリストテレスの受容は、近代主義者の教会管理司祭が不可知論者に譲歩するのに類した、アラブ人への一種の譲歩であるかのように語ってきた。アクィナスがアヴェロイス〔イブン・ルシュド。コルドバ生まれのイスラーム哲学者、医学者。一一二六―九八〕からアリストテレスを救出したのはアラブ人への一種の譲歩であったという言い方をするのは、十字軍はアラブ人への一種の譲歩であったというのと同じである。十字軍の戦士たちはキリストのからだの葬られた土地を回復しようとした。彼らが正しかったか間違っていたかは別として、それがキリスト教徒の場所であると信じたからである。聖トマスは本質的にキリストのからだであったもの、つまり天と地の間の奇跡的な媒介者となった人の子の聖なるからだを回復しようとした。彼がそのからだとその感覚とをのぞんだのは、正しいか間違っているかは別として、それがキリスト教徒のものだと信じたからである。それはプラトン的精神よりは謙虚な、よりつつましいものと言えよう。それでこそキリスト教的なのである。いうなれば、聖トマスはアリストテレスの足跡を歩んだ時は一段と低い道を通っていたのである。若き日のイエズスがヨゼフの仕事場で働き給うた時のように。

　最後にこれら二人の偉人は互いに結びついていたばかりでなく、彼ら自身の革命のまさに革命的な性格により、彼らの同志や同時代の人びととは異なっていた。一二一五年、カスティリアの人ドミニコ・コズマンは、歴史上最も奇妙な偶然の一致によって聖フランチェスコのそれとほとんど同じ瞬間に聖フランチェスコのに非常によく似た修道会を設立した。それは第一にアルビ派のマニ教〔マニが三世紀にイランで創始した普遍的宗教〕的異端者たちにむけてカトリック哲学を説教することを目的としたものであった。アルビ派の哲学は、本書が大いにかかわっているマニ教の一形体だったのである。それは東洋の深遠なる神秘主義と道徳的な超越に根拠をおいていた。だから、比較してみた時、フランシスコ会士が詩人たちの兄弟集団であったのに反し、ドミニコ会士のほうはどちらかというと哲学者の兄弟集団であったのは避けがたいことであった。あれやこれやの理由で聖ドミニコとその弟子たちは現代英国ではほとんど知られもせず理解されてもいない。彼らは最後に、神学的論争につづく宗教戦争に巻き込まれた。そして十九世紀ごろのイギリスには神学論争を宗教戦争よりもわかりにくくするような雰囲気があった。究極の結果はある点で奇妙なものであった。なぜならば聖ドミニコは聖フランチェスコよりも、知性の独立と、厳格な基準の美徳と誠実という点できわだっており、その厳格な基準の美徳と誠実とはプロテスタント文化が特にプロテスタント的なものとみなすことになれているところであったからである。教皇が自分の豪華な教皇宮廷をさして「ペトロはもはや『我に金銀なし』とは言えないだろう」と言った時、スペインの托鉢修道士ドミニコは「彼はもう『ナザレトのイエズス・キリストの御名によりて立ちて歩め』〔新約聖書「使徒行伝」第三章第六節〕とも言えないでしょう」と語ったという話が伝わっているが、もしそれがピューリタンの逸話であったら、イギリスではもっと有名になったであろう。

　このようにして人口に膾炙した物語が、いわば近代世界と中世世界間の一種の掛け橋となりうるもうひとつのわけがある。そして、すでに述べた事実、すなわち、聖フランチェスコと聖ドミニコとは同じ仕事をした人物として歴史上に並び立っているのに、イギリスの大衆の伝承の中では、二人は最も奇妙で驚くべき仕方で分裂しているという事実そのものにそれは基礎を置いているのである。彼ら自身の国では、二人は天上の双生児のようで、天から同じ光を発しており、別の修道会が「聖なる清貧」を同じ馬に乗る二人の騎士として描いたように、同じ輪光を背負った二人の聖人のように見えることがある。われわれの国の伝説でいえば、彼らは聖ジョージ〔ゲオルギウス。古代ローマの青年将校、聖人。二七〇?—三〇三?〕と竜ほどに密接に結びついているのである。ドミニコが親指ねじ締め器という拷問器具を工夫した異端審問官と考えられる一方、フランチェスコはねずみ取りの存在をも悲しむ博愛主義者としてすでに受け入れられているのである。たとえば、フランチェスコ（英語ではフランシス）が英国のカトリック詩人フランシス・トムソン〔一八五九—一九〇七〕の名前になっていることはわれわれには自然であり、花の連想や星の空想でいっぱいに見えるようである。しかし、それに比べて、彼をドミニック・トムソン（ドミニコは英語ではドミニック）と呼んだり、貧しい人に対する庶民的同情や愛の実践の長い記録を持っている人が、ドミニック・プレイターといった名前を持っていることを発見するのは自然ではない。それはまるで彼が、ドミニコ会士で初代異端審問長であったトルケマダ・トムソンと呼ばれたように聞こえるのである。

さて、郷里では同盟者であるものを、外国では敵対者に変えてしまうこの矛盾の背後には何か間違いがあるにちがいない。他の問題に関しても、その事実は常識で理解できるであろう。仮にイギリスの自由党員なり自由貿易論者が、中国の奥地では、コブデン〔イギリスの政治家。一八〇四―六五〕は残酷な怪物だが、ブライト〔イギリスの政治家。一八一一―八九〕は汚れのない聖人であったと一般に信じられているのに気づいたとしたらどうであろう。どこかに間違いがあると彼らは思うであろう。仮にアメリカの純福音派の人たちが、フランスとかイタリアとかその他（アメリカのプロテスタント大衆伝道者）ムーディ〔一八三七―九九〕やサンキー〔アメリカ合衆国の賛美歌独唱者、オルガン奏者。一八四〇―一九〇八〕がまだ入りこんでいない文明圏で、ムーディは天使であるが、サンキーは悪魔であると信ぜられていると知ったならばどうであろう。どこか混線しているにちがいないと彼らは考えるだろう。それ以後、その他の偶然の評価の差異がいくつか歴史の傾向の本流ともいうべきものを横切ったに相違ない。これに類する対比は耳で聞く時ほどには奇想天外ではないのである。工場法によって改善された弊害についてコブデンやブライトは無情であったというふうに理由なく言われて、そのことに対する怒りで彼ら二人は「児童虐待者」と実際に呼ばれている。またある人はムーディとサンキーの地獄に関する説教は地獄の展示会だと言うであろう。以上はすべて議論の余地のある問題である。しかしこれら二人は同じ種類の意見を抱いていたのであって、二人を別々にする意見はどこか間違っているにきまっているのである。もちろん、聖ドミニコの伝説にも完全な大間違いがある。聖ドミニコについて何かを知っている人びとは、彼が布教者であったが、戦闘的な迫害者ではなかったこと、また、彼の宗教に対する寄与は、ロザリオであって拷問台ではないこと、そして、彼の有名な勝利は説得の勝利であって迫害の勝利ではないことを理解しなければ、彼の全生涯は無意味であることを知っている。世俗の武力が宗教的無秩序を圧迫しうるという意味でならば、彼は迫害の正当性を信じた。他の誰もがそういう迫害の正当さを信じたが、なかでも、その他の何ものをも信じなかった優雅な冒瀆者フリードリッヒ二世〔シュタウフェン朝のドイツ国王、神聖ローマ皇帝。一一九四―一二五〇〕にまさるものはいなかった。彼は異端を火刑に処した最初の人だったという人がある。しかしともかく異端者を迫害するのは自分に与えられた至高の特権と義務のひとつだと彼は考えたのである。だが、ドミニコが異端迫害の他何もしなかったもののように語るのは、現行の法規は警察官が酔漢を逮捕することを許しているからといって、数百万の酔漢を説得して禁酒の誓いを立てさせたマシュー神父〔アイルランドのカトリック司祭。一七九〇―一八五六〕を非難するのと同じようなものである。そういう立場をとると他ならぬこの人が、強制とはまったく別に、カトリックに帰正させる天才に恵まれていた点、全体を逸してしまうことになる。彼らのいずれにとっても不名誉ではないが、フランチェスコとドミニコの真の相違点は、ドミニコがたまたま異端者のための大いなる戦いに直面したのに対し、フランチェスコは人間の回心というさらに深遠な仕事を受け持ったにすぎないという点である。昔から変わらぬ事実だが、異教徒をキリスト教徒に改宗させるためにはドミニコのような人を必要とするかもしれぬが、われわれはキリスト教徒を本当の意味でキリスト教に復帰させるためには、フランチェスコのような人をもっと強く必要としているのである。それにしてもわれわれは聖ドミニコの特殊な問題、つまり信仰から離れて奇妙で異常な新しい宗教に凝りかたまっていたすべての住民、王国、都市、田舎をどうするかという問題を見失ってはならない。そのように欺かれていた多くの人びとを、単に対話と説教とによって正道に帰したことは、いまだに大いなる賞賛に値する大勝利なのである。聖フランチェスコはサラセン人を改宗させようと試みて失敗したという理由で人間的と呼ばれているが、聖ドミニコはアルビ派を回心させようと試みて成功したために、頑固で物に憑かれた人間だと言われるのである。しかしわれわれはそこからアシジとウムブリアの丘をのぞむことはできるが、南方の十字軍の大戦場も、ミュレ〔フランス南西の街〕の奇跡も、ピレネー山脈のふもとで、地中海の岸辺で、アジア的絶望が打ち破られた時の、ドミニコのさらに大きな奇跡をものぞみ見ることのできない歴史の丘の奇妙な片隅に偶々《たまたま》立っているのである。

だが、ドミニコとフランチェスコとの間には、本書の直接の目的にさらにかなう、もっと以前の、そしてもっと本質的なつながりがある。彼らが後世栄光に包まれるに至ったのは、彼らは自分たちの時代には不名誉、少なくとも不評に包まれていたからなのである。その理由は、彼らが人間のなしうる中で最も不人気なこと、つまり大衆運動を始めたからである。あえて直接大衆に訴える人はつねに、長い敵の列――その先頭は大衆である――をつくるのである。貧しい人たちが、彼は援助を与えようとしているのであって、害を与えようとしているのではないことを理解し始めるにつれて、その上にあるしっかりした階級は、彼に近づき始め、邪魔はしても助けることはしない決心をしたのである。富裕な者も、学識のある者すらも、そのことが、現世的であるとか現世的知恵を持っているとかではなしに、おそらくはある程度まで真の知恵を持っているがゆえに、この世界を変革するであろう、と時として感じたのもいわれのないことではない。このような感じは、たとえば聖フランチェスコが書物や学識を拒絶することで示した、あのまったく向こう見ずな態度や、托鉢修道士たちが後に地方の司教や教会の役職を軽んじて、教皇に直訴するということで示したあの傾向のことを考えれば、この場合不自然ではなかった。要するに聖ドミニコも聖フランチェスコもフランス革命のように大衆的でかつ不評なひとつの革命を起こしたのである。しかし今日では、フランス革命すら当時そのままの真新しさをそれから感ずるのは困難である。かの「ラ・マルセイエーズ」が、火山のごとき人の声、地震のごとき舞踏曲として響き、地の王たちは天が落下するのではなかろうかと恐れ、なかには神罰が下るのではないかというさらに大きな恐れを抱いたものもあるのである。「ラ・マルセイエーズ」は今日、外交上の晩餐会で演奏され、そこで微笑を浮かべる君主たちは喜色満面の百万長者たちと会見し、その歌は例の「ホーム・スウィート・ホーム」ほどにも革命的ではないのである。また、現代の革命家たちは、托鉢修道士たちの反乱を不十分と呼ぶように、フランスのジャコバン党の反乱をも不十分と呼ぶであろうが、そのことを思い出すのはこの場合大いに適切である。彼らは両者とも徹底的でなかったと言うのであろう。だが、その時代には多くの人はその両者ともたいへんな行き過ぎだと考えたのである。托鉢修道士たちの場合、国家の高位者やある程度までは教会の高位者が、民衆の間に熱狂的大衆説教者を解き放すことに深い衝撃を覚えたのである。昔の出来事がかくのごとく人びとを不安に陥れ、不評判であった事実を実感することは、われわれにはまったく容易でない。革命はやがて新しい体制に転じる。古い社会を若返らせた反乱は今度は自分が老化する番になる。分裂、革新、暴動といった新しいものにみちていた過去は、今やわれわれには伝統という一枚の織物に見えるのである。

だが、もしわれわれがこの変革と挑戦との与える衝撃を生き生きと甦えらせ、この托鉢修道士たちの実験がその時代の多くの人にとって、どのように未熟で粗野であり、また、向こう見ずな新しさにおいてどのように野卑であり、どのように貧民窟的で、上品な生活とはかけ離れたものと見えたかを示すひとつの事実を求めるならば、ここにそれを明らかにするには打ってつけの事実がある。それは固定化して古くなったキリスト教が彼らの実験を一時代の終末に似たものとして感じ、また地上の道路が新しい無名の軍隊、つまり乞食どもの行進の足下にどれほど震動したかを示すのである。このような危機の雰囲気を伝える神秘な子守歌がひとつある。

ほら、ほら、犬が吠えている。
乞食が町にやってくる。

多くの町では乞食を入れないように砦を築き、財産と地位を守る番人は彼らが通る時にほんとうに大声で吠えつづけたのである。しかし、「太陽の賛歌」をうたう乞食の歌声と天の猟犬――中世の人はドミニカネス（ドミニコ会士）をもじって、ドミニ・カネス（主の犬たち）と言った――の吠え声はもっと大きかったのである。その革命がどれほど本物で激烈なものであったか、どのように過去と絶縁したものであったかを考察したいならば、聖トマス・アクィナスの生涯の最初にして最も異常な事件の中にそれを見ることができるのである。

二　逃亡した大修院長

奇妙で、象徴的ともいうべき仕方においてであるが、トマス・アクィナスは、その時代の文明世界のまっただ中、つまり、キリスト教世界を当時支配していた諸勢力の中心の結び目、ないしは渦巻のただ中で生まれた。彼はそれらの勢力のすべて、なかでもキリスト教世界を破壊すると言われて然るべき勢力のいくつかとさえ密かにかかわりあっていた。すべての宗教上の争い、すべての国家間の争いは、彼にとっては家庭争議にひとしかった。彼は帝王の家に、文字通り皇帝の紫衣のへりに生まれた。彼のいとこが神聖ローマ皇帝だったからである。もし彼が家門の盾形紋章を捨てなかったなら、彼はヨーロッパの王国の半ばを自分の盾形紋章の中に描くこともできたであろう。彼はイタリア人であり、フランス人であり、ドイツ人であり、従って、あらゆる意味でヨーロッパ人だったのである。一方、彼はノルマン人のエピソードの源である精力をも受け継いでいた。ノルマン人の一風変わった組織的攻撃は、ヨーロッパの隅々まで、また地の果てまで、雨あられと飛ぶ矢のように鳴り響き、ウィリアム公〔初代イングランド王。一〇二八頃―八七〕に従って一寸先も見えぬ雪の中を、北は遠くチェスターまで進軍したものもあれば、シチリア島を横断し、ギリシア人やカルタゴ人の足跡をたどってシラクーザの門に至るまで進んだものもあった。彼はもうひとつの系統ではシャルルマーニュ〔カロリング朝第二代のフランク国王。七四二―八一四〕の帝冠を主張したライン川やドナウ川地方の偉大な皇帝たちにつながりがあった。たとえば、かのほとばしる流れの下に眠る、フリードリッヒ赤髭王〔シュタウフェン朝のドイツ国王、神聖ローマ皇帝。一一二五頃―一一九〇〕は大伯父であったし、「世界の驚異」と呼ばれたフリードリッヒ二世は彼のまたいとこだった。だが、彼は活潑な内面生活を送った人びと、地方の活力の担い手、城壁に囲まれた小国家、千を数えるイタリアの聖堂内の墓所などと、さらに多くのちかしいつながりによって結ばれていた。皇帝との肉体的な血縁関係を受け継ぎながら、彼は教皇との間に霊的に親密な関係を一段と堅く保っていた。彼は、ローマの意味、つまり、どういう意味でローマがなお世界を支配しているかを理解していたのである。彼は、当時のドイツ皇帝たちが先代のギリシア皇帝たちと同様に、ローマを無視してもなおローマ人たりうるというふうには考えなかったようである。彼が生まれついた立場のこのような世界的ひろがりに、彼はあとで彼独自のものをたくさんに付け加えた。それは民族間の相互理解に寄与し、彼にどこか大使とか通弁とかいった種類の性格を与えることになった。彼は非常に広く旅行した。彼は、ドイツの大学やパリで人に知られたばかりでなく、ほぼ確実にイングランドをも訪問している。おそらく、オクスフォードやロンドンにも行ったであろう。今もブラック・フライアーズ（黒衣の托鉢修道士）という名を持っている鉄道駅まで川を下って歩いて行く時、われわれはもしかすると彼とその仲間のドミニコ会士が通った道をたどっていることになるかもしれぬと言われている。だが、このことは、彼の肉体のそれとひとしく、精神の旅行にもあてはまる。彼はキリスト教とは対立的な文献を、当時のならわしから見て、はるかに注意深く、公平に研究していた。彼は実際、アラビアの回教徒のアリストテレス学を理解しようと努力した。そして、ユダヤ人の取り扱いという問題について、非常に人間的で理性的な論文を書いた。彼はつねにすべてのものを内側から見ようと試みた。だが、彼は当時の国家組織と高度な政治の内部に生まれたという点で確かに幸運であった。彼がそれらをどのように考えたかということは、彼の伝記の次の一節から推測されるのである。

聖トマスは、ある近ごろの書物の表題を借用して言えば、「国際人」として十分にまかり通る人物であろう。しかし、ことを正しく理解するためには、彼がかの国際的時代に生きたということ、現代の書物の中や現代の人間によって示唆されるのとはちがった意味で、国際的と言えるある世界に生きたということを記憶する必要がある。もし私の記憶が正しいとすれば、この国際人の地位に立候補しうる現代人はコブデンであった。彼はほとんど異常なまでに国家的な人物で、狭い意味で国家的な人間、その非常に立派な典型であった。しかもミドハーストとマンチェスターの間以外を旅行したことがありそうにはちょっと見えない人物であった。彼は国際的な政策を持っており、国際旅行を楽しんだ。しかし、もしも彼がつねに国家的人物にとどまっていたとすれば、それは彼が正常な、つまり十九世紀にとって正常な人間にとどまっていたからである。しかし十三世紀においては事情は異なっていた。当時はコブデンのように国際的影響力を持った人物がいるとすれば、その人物はほとんど国際的な国籍を持った人物となりえた。国家、都市、出生地の名称は、現代世界の特徴ともいえるあの深刻な分離を意味しなかった。ナポリの近郊に生まれたのに、学生のころのアクィナスはシチリアの牡牛とあだ名された。彼はソルボンヌの栄光であったがゆえに、パリ市は彼をパリジァンとみなし、逝去の際には彼の骨を埋葬すると申し出たのである。いや、現代と比べてもっとはっきりした対照を示して見よう。現代人の会話の中でドイツ人教授という言葉がだいたい何を意味しているかを考えて見給え。そしてすべてのドイツ人教授のうち最大なるアルベルトゥス・マグヌス〔スコラ神学者。一二〇〇頃―一八〇〕自身がパリ大学の栄光であったことを理解し給え。アクィナスが彼を支持したのは、まさにこのパリにおいてであった。パリで講義している時の人気でもって、ヨーロッパ中に有名になった現代のドイツ人教授を頭に描き給え。

このようにして、もしキリスト教世界に戦争があったとすれば、それは、われわれが国際平和を語る場合と同じような特別な意味あいで国際的な戦争であったのである。それは二つの国家の間の戦争ではなく、二つの国際主義、二つの世界国家、つまり、カトリック教会と神聖ローマ帝国の間の戦争であった。キリスト教世界の政治的危機は、最初は厳しいひとつの災難の中で、それから後は間接的な仕方で、アクィナスの生涯に影響したのである。それには多くの要素、つまり十字軍とか、聖ドミニコが論争をもって、そしてシモン・ド・モンフォール〔イギリスの貴族。一二〇八頃―六五〕が武力でもって鎮圧したアルビ派の厭世主義の余燼とか、そこから始まった異端審問というういかがわしい試み、その他があった。しかし、大ざっぱに言うと、その時代は、神聖ローマ皇帝と自らを呼んだドイツ皇帝、つまり、ホーエンシュタウフェン家の皇帝と教皇との間の大決闘の時であった。だが、アクィナスの生きた時代は、完全にドイツ人と言うよりは、むしろイタリア人であったかの皇帝、つまり、頭脳明晰にして、「世界の驚異」とあだ名されたフリードリッヒ二世の影響の影濃き時代であった。ついでながら、ラテン語は当時の言語の中で最も生き生きとしたものと言えるが、必要上つけられている訳語は原語に比して、しばしばある種の弱さを感ぜざるをえない。もともと用いられていたラテン語は「世界の驚異」というよりはもっと強意のものだった、とどこかで読んだことがあるような気がする。中世における彼の呼び名は、ストゥポル・ムンディ（Stupor Mundi）で、もっと正確に訳すと「世界を茫然自失せしむるもの」の意であった。のちほど、哲学上の言葉について、また英語のビーイング（Being）のごとき語をもってラテン語のエンス（Ens）のごとき語を訳す不十分さについて、同様なことを注意することにしよう。だが、さしあたって、ここに挿入した説明が、いまひとつあてはまる場合について言おう。事実、フリードリッヒは、世界を茫然自失せしめ、また彼が宗教に加えた打撃——トマス・アクィナスの伝記の始まりになっているかの打撃——には、目を眩ませ、気を失わせる要素があったと言えるからである。また別の意味でも彼は他人を茫然自失させたと言える。近代の崇拝者の中には彼の賢明さによって痴呆状態に陥るものがいたからである。

というのは、フリードリッヒ二世は、彼のいとこが生まれて幼年時代を送った激しい戦争と戦火のあった土地を蹂躙した第一の人物、しかもどちらかと言うと獰猛で不吉さのただよう人物だったからである。二つの特別な理由があるゆえ、彼の名前に関する挿話をしばらく考察しても差支えないであろう。第一の理由は、近代史家の中にすら残っている彼のロマンティックな名声が、その時代の真実の背景を掩い、その半ばを隠しているからである。第二に、問題の伝説は聖トマス・アクィナスの身分全体に直接かかわるからである。フリードリッヒ二世のごとき人物に関連する十九世紀の見解——それは奇妙なことに多くの現代人により現代の見解と呼ばれている――は、フリードリッヒは「十字軍時代の政治家で、修道士の時代の哲学者であった」という、あるしっかりしたヴィクトリア朝人、おそらくはマコーレイ〔イギリスの歴史家、政治家。一八〇〇―五九〕の言葉によって要約されている。この対句には、十字軍の戦士は容易に政治家ではありえないし、修道士は容易に哲学者ではありえないという推測が含まれていると言ってもよいのである。しかし、わずかに次の特別な事例を示せば、フリードリッヒ時代の二人の有名な人物の場合に限って、この推測をも対句をもひっくり返すに足るものがあったと容易に指摘できるであろう。聖ルイ王〔カペー朝第九代のフランス王。一二一四―七〇〕は十字軍の戦士で、しかも成功をおさめなかった人物であるが、フリードリッヒ二世よりははるかに政治家としては成功したのである。実際の政治の試練によって、彼はヨーロッパ最強の政府、つまり、「偉大な世紀」の光栄に至るまでの五百年間を通じ、次第に勢力を増してきたひとつの王朝、すなわちフランス王制の秩序と中央集権とを評判のいいものとし、堅実なものとし、聖化したのである。しかるにフリードリッヒのほうは、教皇座とさまざまの共和国、そして司祭たちと諸民族の巨大な結合の前に倒れてほろびるのである。彼が確立しようと思った神聖ローマ帝国は、どちらかというとひとつの夢という意味でひとつの理想であった。それは、決して、フランスの政治家たちが確立した、整然として堅固な国家のごとき事実ではなかったのである。もうひとつの例を次の世代からとるとすれば、歴史上最も厳密な意味で実際的な政治家のひとりであったわが国のエドワード一世〔プランタジネット朝のイギリス王。一二三九―一三〇七〕がいる。彼もまた十字軍の戦士だったのである。

先程の対句の後半は、いっそう間違っているし、またいっそうこの場と関連が深い。フリードリッヒ二世は修道士の時代における哲学者ではなかった。彼は修道士トマス・アクィナスの時代に哲学を趣味としたひとりの貴紳だったのである。だが、彼が「存在」と「生成」の性質について、あるいは諸実在が「実在」とかかわる場合の正確な意味について、覚え書のたぐいを残したとしても、その覚え書が、ニューヨークやシカゴですらすでに輩出している少数のトマス研究家の一団は申すに及ばず、オクスフォードの大学生やパリの文人たちを今日刺激しているとは私には考えられない。トマス・アクィナスがひとりの哲学者であった――偉大で、普遍的で、永続的なひとりの哲学者であったとは言わないまでも――というのと同じ意味で、フリードリッヒが哲学者であったとは確かに言えない、と言っても皇帝に対する不敬にはならないであろう。そして、トマス・アクィナスは、マコーレイが哲学をまるで生む能力がないかのように言った修道士の時代において、しかもまさに修道士の世界のまっただ中に生きたのである。

われわれは、このようなヴィクトリア朝の偏見――いまだに非常に進んだ考えだと考えている人もいるが――の諸原因について思いをめぐらす必要はない。その偏見は、主として、もし、人が中世世界の主要な動きに従っていたならば、近代世界の最善の部分を築くことはおそらくできなかったろうというひとつの偏狭な島国根性に由来しているのである。これらヴィクトリア朝人は、人類のために貢献したのは異端者だけであり、中世文明をおおかた破壊し去った人びとのみが近代文明の建設に役立ちえたと考えたのである。そこから、たとえば司教座聖堂《カテドラル》はフリー・メーソンという秘密結社によって建てられたにちがいないとか、ダンテの叙事詩はガリバルディ〔イタリア統一運動で活躍した軍事指導者。一八〇七―八二〕の政治的野心に関する暗号文であるとかいう種類の多くの珍説が生まれたのである。このような一般化した言い方は、ことの性質上不可能であるし、事実でもない。中世紀はどちらかというと、特に、共同体的な思考法をした時代で、問題によっては、個人主義的な近代人の考え方よりも事実としてむしろ広い場合があったのである。このことはステイツマン（statesman）という言葉の使用に関する単なる事実をあげてたちまち証明することができる。マコーレイの時代の人間には、ステイツマンとは、他の国家に対して彼自身の国――たとえば、リシュリューがフランスの、チャタム〔ウィリアム・ピット。イギリスの政治家。一七五九―一八〇六〕がイギリスの、ビスマルクがプロシアのという具合に――のより狭い国家的利益を維持した人を意味したのである。だが、ある人物が、実際問題として、これらすべての国家を守り、これらすべての国家を結合し、これらすべての国家を生きた兄弟国家とし、たとえば蒙古人数百万の大軍といった外敵からの危険に抵抗しようとのぞむとすれば、このあわれな男は、むろん現実にステイツマンとは呼ばれなかったであろう。彼は十字軍の戦士にすぎないということになったであろう。

このようにして、フリードリッヒ二世を十字軍の戦士と呼ぶのは、もしも彼が十字軍反対の戦士に似つかわしかったとしても、公正なことである。確かに彼は国際的ステイツマンであった。実際、彼は国際的武人と言われて然るべき特殊な典型であった。国際的武人はつねに国際主義者によって大いに嫌われる。国際主義者が嫌ったのは、シャルルマーニュでありカール五世〔神聖ローマ皇帝。一五〇〇―五八〕であり、ナポレオンであり、日夜叫んで世界国家を創造しようと努力した人たちであった。だが、フリードリッヒは彼らに比べると、もっと疑わしい人物ではあるが、疑われることははるかに少ない人物である。彼は神聖なるローマ帝国の首長と思われたのに、きわめて神聖ならぬローマ帝国の首長たらんとのぞんでいたと言って非難されたのである。たとえ彼がアンチ・キリストであったとしても、なお彼はキリスト教世界の統一の証人であろう。

にもかかわらず、この時代には奇妙な特徴がひとつある。この時代は国際的でありながら、また国内的で互いに親密な時代であった。戦争というものが広い近代的な意味において可能になるのは、より多くの人が不賛成だからではなくて、より多くの人が賛成だからである。たとえば義務教育とか徴兵制度といった、特に近代的な強圧の下では、非常に広範囲で平和な領域があるために、人びとはすべて戦争に賛成することができるのである。かの時代には、人びとは戦争についてさえ意見の一致を見なかったし、平和はどこで勃発するかわからなかった。平和は不和によって妨げられ、不和は赦免によって妨げられた。個性というものは、迷路を出たり入ったりし、宗教的な極端がひとつの小さな城壁をめぐらした町の中で互いに壁をつくって閉じこもったのである。かくてダンテの偉大な魂が分裂して、先が二つに分かれた炎となり、自分の町を愛しつつ憎んでいるのをわれわれは見る。このような個人の複雑さは、非常におおまかな輪郭のかたちでわれわれがここに述べなくてはならぬ特別な物語の中に、すぐれて生き生きと現われている。もし誰かが行動というものがさらに個性的なものであり、また実際測りがたいものであるという言葉の意味を知ろうと欲するならば、その人はナポリからほど遠からぬところに城をかまえていたアクィノの大封建領主の一族の歴史のいくつかの段階を注目すればよい。これから話さねばならぬあわただしいだけの逸話の中に、われわれはこの種の五つないし六つの段階を次々に見ることになる。当時の典型的な重々しい封建戦士たるアクィノのランドルフは、甲冑に身をまとい、皇帝の旗のたなびく背後を、馬にまたがって進軍し、ある修道院を襲撃したのである。その理由は、皇帝が、その修道院を目しておのれの敵なる教皇のために建てられた砦だと考えたからである。やがてわかることだが、のちにこの封建領主は、おそらく同じ教皇の好意的な忠言にもとづき、自分の息子をこの修道院におくることになる。さらにのちになると、彼のもうひとりの息子が、完全に自らの発意で、皇帝に反逆し、教皇の軍隊に走ったのである。このために彼は皇帝により即座に処刑されるのである。われわれは教皇の大義――それは人間のすべての本質において人民の大義でもあった――を支持して自己の生命を危険にさらし、かつ失ったトマス・アクィナスの兄弟についてさらに多くのことを知りたいと思う。彼は聖人でなかったかもしれないが、殉教者の特質を幾分持っていたにちがいない。一方この第三の兄弟を殺した皇帝に、見たところではなお熱心に積極的に仕えていた他の二人の兄弟は自ら進んでもうひとりの兄弟を誘拐した。彼らは、宗教上の新しい社会運動に対するこの兄弟の共鳴を是認しなかったからである。これが有名なこの中世の一族が巻き込まれていた種類の紛争であった。それは国家間の戦争ではなく、むしろ大きく拡大された家庭争議であった。

だが、その教養、暴力、哲学への関心、宗教との争い等々において、その時代の一典型であった皇帝フリードリッヒの立場について、ここで長々と筆者が論じる理由は、これらの事柄にだけ関係があるのではない。いうなれば彼は舞台を横切る最初の人物であった。彼の典型的な行動のひとつがこの世界におけるトマス・アクィナスの個人的な冒険の始まりとなった最初の活動、もしくは頑固な非活動を促進させたからである。この物語はまたアクィノ伯のような一族が巻き込まれたところの、教会に対して非常に近いと同時にきわめて不仲であるといった、異常に紛糾した状態のよってきたるところを説明してくれる。フリードリッヒ二世は、異端者の火刑からサラセンとの同盟に至る、目を見はらせんばかりの軍事的・政治的大行動の過程において、非常に大きく富裕な修道院であったモンテ・カシノのベネディクト大修道院に、肉を食う鷲のように（皇帝の鷲はどちらかというと肉食である）急降下して襲いかかり、これを掠奪したのである。

モンテ・カシノの修道院から数マイル離れたところに、ひとつの大きな断崖がアペニン山脈の柱のように立っていた。その頂上にドライ・ロックという名前の城があった。それは皇帝の家門に属するアクィノ一族の若鷲たちが育てられて飛び立って行く巣であった。ここにトマス・アクィナスとほかの七人の息子の父であるアクィノのランドルフ伯が住んでいた。軍事的な事件が起これば、彼はきっと封建時代の仕方で一族をひきいて馬にまたがり、明らかに修道院の破壊に一役買ったであろう。しかし、これはこの時代の典型的な不可解に属することであるが、ランドルフ伯はのちに彼の息子たるトマスを大修道院の院長にしたほうが上手なそつのないやり方だと思ったらしい。これは教会に対する上品な弁明の性質を帯びていたし、また家庭争議の解決策でもあったように思われる。

というのは、ランドルフ伯は、彼の七男トマスに対しては、（観想修道会の）大修院長か何かにする以外には、何もしてやることがないというふうに長いこと考えていた。トマスは、一二二六年〔現代の研究においては、一二二四年または一二二五年に生まれたと考えられている〕に生まれたが、肉食の鷲となること、つまり、鷹狩り、騎乗の槍試合、その他およそ貴紳のたしなみに属することに人並みの関心を抱くことが、理由ははっきりしないが子供のころから嫌だったのである。彼は大きくてずっしりした、しかもおとなしい少年で、驚くべく無口、教師にむかって突発的に「神様とは何ですか?」と質問する以外にはめったに口をきかなかった。解答は記録されていないけれども、質問者はおそらく自分で解答をひねり出そうと苦心しつづけたのであろう。この種の人に適した唯一の場所は教会であったし、たぶん修道院であったろう。このことに関するかぎり特別な困難は何もなかった。ランドルフ伯ほどの地位にある人が、息子をその修道院に入れてもらうようはからうことはいともたやすいことであった。まさにこの時、彼は息子が、修道院において、何か彼の世俗的身分にみあうような役職を与えられるならうまいのだが、と考えたのである。このように観想修道士——それは彼自身ののぞむところであるように思われた——となり、遅かれ早かれモンテ・カシノ大修院長になるように、ことは万事スムーズに運ばれていた。ところが、その時、奇妙なことが持ち上がったのである。

この少しくはっきりしない、議論の対象でもある事件を追って行くと次のような次第になる。若きトマスはある日父の城の中に入ってきて、自分はスペイン人ドミニコによって創立された新しい型の修道会、つまり托鉢修道会の一員になったと静かに宣言したのである。それはイギリスの郷士の家督が帰宅して、浮き浮きとした気分で家族にむかい、自分はジプシー女と結婚することになったと話しているようなものであり、また保守派の公爵の世継ぎが共産党員と推定される輩によって組織された飢餓行進に明日は参加すると述べたようなものであった。すでに述べたところであるが、われわれは、このことによっても、観想修道会、托鉢修道会という新旧の修道制度間の地割れ、ドミニコ会、フランシスコ会の革命のひき起こした地震の状況をこのことによってかなり十分に測定することができるであろう。最初トマスは観想修道士になることを希望しているように見えた。そして彼のために門は静かに開かれ、そして大修道院の長廊下と絨毯とは、いうなれば司教冠をいただく大修院長の玉座へと進む彼のために敷きつめられていたのである。ところが彼は托鉢修道士になりたいと言い出したのである。家族は獣のように彼に飛びかかり、兄弟たちは道路に沿って彼を追いかけて、彼の背中から托鉢修道士の修道服を半ば引き裂き、最後は気ちがい同然に彼を塔の中に監禁してしまった。

この猛烈な家庭争議と、最後にこの若い修道士の強情さに家族が根負けしたいきさつをたどることは決して容易なことではない。ある話によれば、彼の母親がまもなく不賛成を撤回して、彼の味方に回ったということになっている。しかしこの問題に巻き込まれたのは、彼の親族だけではなかった。部分的には彼の一族から成っていたヨーロッパの中央支配層はこの嘆かわしい若者のために大騒ぎをしたとも言えるのである。教皇さえうまく中に入ってもらいたい旨の依頼を受けている。そして一度は、トマスは、ベネディクト大修道院内で大修院長の職責を果たしながらドミニコ会の修道服を着用していてもよいという提案を受けた。多くの人にはこれは気転のきいた妥協と思われたのであろう。しかし、それはトマス・アクィナスの偏狭な中世精神の気には入らなかった。彼は仮装舞踏会ではなしに、ドミニコ会の中でドミニコ会士になりたいとはっきり意志表示した。かくて外交的提案は中断されたように思われる。

アクィノのトマスは托鉢修道士になろうと思ったのである。これは彼の同時代のものには肝をつぶすような事実であった。それはわれわれにとっても好奇心をそそる事実なのである。というのは、彼のこの希望は、文字通り厳密に彼のこのような言明に問題を限定した場合、彼の死に至るまで磐石のような頑固さで彼の意志がしがみついていた唯一の実際的な事柄であった。彼は大修院長になりたくなかった。観想修道士にはなりたくなかった。彼はまた自分の属する会の長にも支配者にもなりたくはなかった。彼は一介の托鉢修道士になりたかったのであって、傑出した重要な托鉢修道士にもなりたくはなかった。それは、ちょうどナポレオンが一生涯一兵卒にとどまりたいと主張するようなものであった。この重々しく、物静かで、教養のある、どちらかといえば学者風の貴紳は、はっきりした権威ある声明と公式の宣言によって、しかと一介の乞食（托鉢修道士の異称）に任ぜられるまでは満足しようとしなかった。だが、彼は千回も繰り返して自分の義務以上のことを行ないつつ、一向に乞食らしくもなく、また優秀な乞食になりそうにもなかったがゆえに、それだけますます興味深いものがある。彼の偉大な先駆者たちとは異なり、彼には生まれつきの放浪者的なところは少しもなかった。彼は聖フランチェスコのように放浪する吟遊詩人の性質や、聖ドミニコのように歩きまわる布教者の性質も持って生まれてはこなかった。だが、彼は、要求される場合には、他人の意志に従ってそれらのことを行なうために、軍隊的秩序の下に身を置こうと主張したのである。彼は革命軍に自ら入隊したそれだけ一段と心の広い貴族とか、大戦争に一兵卒として志願した詩人や学者に比較できよう。ドミニコとフランチェスコの勇気と一貫性の中にひそむあるものが、彼の深い正義感に訴えていたのである。つねにすぐれて理性的な人物であり、また外交的な人物でさえありながら、なお彼は若いころの、この一大決心の鉄のごとき不動性をゆり動かすことを何者にも許さず、また最も低い地位につこうとする、その高く聳え立つような野心から身をひるがえすこともなかった。

われわれが見た通り、彼の決意のもたらした最初の効果ははるかに刺激的であり、驚くべきものでさえあった。トマスが入会したドミニコ会の総会長は彼を会から引き出そうとする外交的試みがいくつかあったこと、そしてそれらの試みに抵抗することのこの世的な困難さをおそらくは知っていたのであろう。彼は便宜的手段を講じ、数人の他の托鉢修道士といっしょに彼にパリへ赴くように命じ、この若い入会者をイタリアからぬけ出させようとした。諸国民の未来の巡回教師がこのようにして最初の旅行に出発したことは、何となく予言者的なものを感じさせた。というのは、実際パリは、ある意味で彼の精神的旅行の目的地と定められていたからである。なぜなら、実にこのパリの地で、彼は托鉢修道会のための偉大な弁護とアリストテレスの敵に対する偉大なる挑戦の論を書くことになっていたのである。だが、このパリへの彼の最初の旅行はたちまちにして中断される運命にあったのである。托鉢修道士たちがローマの少し北、路傍に泉水のある、道の曲り角にさしかかった時、突然、彼らは乱暴な追っ手の騎馬隊に追いつかれた。彼らは山賊のようにトマスを捕えたが、実は不必要に興奮している彼の兄弟たちだったのである。彼には大勢の兄弟がいた。この事件に巻き込まれたのはそのうちのたぶん二人だけだったろう。トマスは実に七番目の息子であった。「産児制限」賛成者は、この哲学者が、彼を誘拐した悪漢たちの高貴な血統に不必要に付け加えられたひとりの人物だと言って嘆き悲しむかもしれない。それはまったく奇妙な出来事であった。ある意味で逃亡した大修院長と呼んで然るべき、この托鉢修道士を誘拐しようという考えはなんとなく奇妙でまるで絵画でもあるような感じがする。この奇妙な肉親の三人組の動機と目的とには喜劇的かつ悲劇的な紛糾がある。実際的と呼ばれる人びとをつねに特徴づけている、物の重要性についての熱烈な幻想と、理論的と呼ばれているこの人物の実は一段と実際的な強情さとの間のコントラストを見ると、そこには一種のキリスト教的とんちんかんとでもいうべきものが存在する。

このように少なくとも三人の奇妙な兄弟は、まるで犯罪人と警吏——ただし犯罪を犯したほうが人を逮捕していたのだが——のように、身体をつなぎ合って、彼らの悲劇的な道路をよろめきつつ、足をひきずりつつ進んだのである。かくて彼ら——カインとアベル以来のどの兄弟にも劣らないほど邪悪な兄弟であるが——は一瞬、歴史の地平線を背景にして姿を現わすことになる。というのはアクィノの大一族のこの奇妙な暴行は、中世紀——暗黒と光明のように鋭く対立する解釈を可能にする——を神秘と当惑の対象にしているものが何かを表現するものとして、象徴的にめだって見える。というのは、この兄弟の中の二人には、血筋と家紋の野蛮な誇りが荒れ狂っていた、いや悲鳴をあげていたと言うべきかもしれないからである。もっともその誇りは、トーテムのまわりで舞踏する部族に最も適しているように見えるが、彼らは当時としては最も洗練された世界の王子たちだったのである。その瞬間、彼らは、国家よりもはるかに狭い、そして部族よりもさらに狭い一族の名以外のものはすべて忘れていたのである。そしてこの三人組の第三番目の人物は、同じ母から生まれ、顔かたちも見たところ他の二人とそっくりであったろうけれども、近ごろの民主主義よりももっと広い兄弟愛という観念を持っていたのである。というのは、それは国家的ではなくて国際的であったからである。兄弟愛の観念は現代世界における単におだやかな作法よりもはるかに深い慈悲と謙遜への信仰であり、金権政治と傲慢に対する反逆の気ちがいじみた大誇張と今なら見えるであろう、根本からの清貧の誓願であった。同一のイタリアの城から、二人の野蛮人とひとりの賢人、あるいは現代のどの賢人よりも平和主義的なひとりの聖人が出たのである。これが多くの議論を混乱させる二重の面である。まさにそれこそは中世紀を謎にしているもので、実に中世はひとつではなく二つの時代だったのである。ある人びとの気持を覗くと、それは石器の時代であり、他の人びとの心を覗くと、彼らは黄金時代、つまり最も近代的な種類のユートピアに住んでいたのである。世の中にはつねに善人と悪人とがいたが、この時代には術策に富む善人と単純な悪人とがともに暮らしていた時代であった。彼らは同じ家族の中に生まれ、同じ育児室で育てられたのである。そして、なりたての托鉢修道士を道路に沿って引き立て、丘の上の城に閉じ込めようとした時に、アクィノの兄弟たちが道ばたで争ったように、彼らもまた争うことになったのである。

彼の肉親が彼から托鉢修道士の修道服を取ろうとした時、彼は祖先たちそっくりの戦いぶりで彼らと戦ったらしい。服を取ろうとする試みが断念されたところから見て、彼の戦いはうまく行ったのであろう。彼はいつもの落ち着いた態度で監禁を甘受した。土牢に投ぜられようが、独房に入れられようが、哲学をするためにはたいして気にとめなかったのである。伝えられている話の感じからみて、その奇妙な誘拐を通じておおかた彼は石の彫像のように重そうに運ばれていったように思われる。監禁中の彼について残っている唯一の物語は、彼が猛烈に怒った話である。これ以前にもこれ以後にもなかったほどに彼は怒ったのである。この事件はもっと重要な理由でもって当時の人の想像力に訴えた。だが、そこには道徳的であると同時に、心理的な興味がある。というのは、彼の生涯にただ一度だけ、実に初めにして終わりであるが、アクィノのトマスがわれを忘れるほど激怒して、いうなれば日ごろ住みなれた知性と観想の塔の外に嵐に乗って飛び出したからである。それは兄弟たちが突然の誘惑で彼を驚かせよう、少なくとも彼をスキャンダルに巻き込もうとして、化粧をぬりたくった、特にけばけばしい高級娼婦を彼の部屋に入らせた時のことである。トマスの基準と比べてはるかに厳しからぬ道徳基準によってすら、その怒りは正当化されたであろう。その卑劣さは便宜的手段のきたなさを超えるものであった。最も低い基準においても、こんな下等な挑発のために誓願を破るであろうと想像することは、貴紳としての彼に対する侮辱だということを兄弟たちが知っていることを彼も知っていたし、彼が知っていることを兄弟たちも知っていたのである。彼は心の奥に、はるかに恐るべき感受性、つまり、彼にとっては天からの神の声である謙遜というかの巨大な野心を持っていたのである。この一瞬だけ、その巨大な扱いにくい人物が行動の姿勢、いや元気いっぱいの態度をとったことがわかる。彼は実に元気に溢れていた。彼はぱっと座から立ち上がると、炉の中から燃え木をつかみ出し、炎の剣のように振りまわしながら立っていた。女はむろん悲鳴をあげて逃げ出した。それはトマスののぞむところであった。巨大な体軀の狂人が炎を振りかざして、家を焼くぞとおびやかしているようにみえるのを見て、女がどう思ったか考えてみるのも面白かろう。しかし、彼はただ戸口の外へ彼女を追い出して、後からぱたんと扉をしめ、閂《かんぬき》をかけただけであった。それから彼は、一種の暴力的儀式の衝動にかられて、扉に燃え木をあてて十字架の大きい黒い印しを焼きつけた。それから彼はもとに帰って、燃え木を炉の中にかえした。そして坐りっきりの学者の座、哲学の椅子、観想の神秘な玉座に腰を下ろしたのである。そこから彼は二度と立ち上がることはなかった。

三　アリストテレス革命

ふさわしくも「大（マグヌス）」を冠して呼ばれるシュヴァーベンの人アルベルトゥスは近代科学の創立者であった。錬金術師を化学者に変え、占星術師を天文学者に変えるプロセスを準備するために、彼は他の誰よりもなすところが多かった。彼の時代にあって彼はこの意味では最初の天文学者であったのに、現在ではほとんど最後の占星術師として伝説の中にとどまっているのは奇妙至極である。まじめな歴史家たちは、中世の教会がすべての科学者を魔術師として迫害したという馬鹿げた考えを捨てつつある。そのような考えは真実の反対だといってもよい。世間が彼らを魔術師として時に迫害し、また時には魔術師として彼らの後を追いかけたが、その時は迫害のために追うのとは正反対の意味で後を追うたのである。教会のみがただひとりほんとうに彼らを科学者とみなしたのである。多くの探究心のある聖職者はレンズや鏡をつくったので、魔術を行なったという非難を受けた。彼らは無教養で無礼な隣人たちに非難された。その隣人たちが、異教徒であったり、清教徒だったり、安息日再臨教会の信者だったりしたら、そうなったにちがいない、まさに同じような方法で彼らは非難されたのである。しかしその時ですら、平信徒だけによってリンチを受けるよりは、教皇庁によって裁判されたほうがはるかに有利だったのである。教皇はアルベルトゥス・マグヌスを魔術師として非難することはなかった。彼を魔術師として賞賛したのは北方の半異教的な諸部族であった。今でも彼を占星術師として賞賛しているのは、工業都市の半異教的な部族であり、安っぽい夢物語やインチキな小冊子や新聞の予言者の読者なのである。厳密な意味で物質的、機械的な事実についての、記録に残ったかぎりの彼の知識の範囲は彼の時代の人間としては驚くべきものがあったと認められている。他のたいていの場合において、中世の科学のデータは限界があったことは事実であるが、このことは中世の宗教とは確実に関係がなかった。というのはアリストテレスの資料も偉大なギリシア文明も多くの点でそれ以上に限界があったからである。だが、それは事実に接近する手段の問題というより、むしろ事実に対する態度の問題である。スコラ学者の大半は、もし彼らの持っている唯一の知識提供者たちによって、一角獣は一本の角を持ち、サラマンダーは火の中に生息していると告げられた場合に、彼らは生物学的現象としてよりも、むしろ論理の例証としてそれを用いたのである。彼らが現実に述べたのは、「もし一角獣が一本の角を持っているとするならば、二頭の一角獣は一頭の牝牛と同数の角を持っている」というようなことであった。このことは、一角獣がお伽噺であるからといって、事実としていささかも不十分であるということにはならないのである。古代のアリストテレスの場合と同じように中世のアルベルトゥスとともに、「一角獣はひとつの角だけを持っているのか、サラマンダーは炉ばたではなくて火を所有しているのか」といった問題を強調するような考え方が始まったのである。中世の生活の社会的地理的限界がひろがって、サラマンダーを火の中にさがしたり、一角獣を砂漠にさがしたりするようになった時、疑いもなく彼らはその科学的概念の多くを修正しなければならなかったのである。それはニュートンがナンセンスであり、空間には限界があり、むかしの人が考えたような原子は存在しないということをすでに発見した世代の科学者たちの適切な嘲笑に身をさらすことになる事実であるが。

生涯の最も著名な時期にパリで大学教授として知られていた、この偉大なドイツ人は、以前しばらくの間ケルンの教授であったことがある。この美しいローマ帝国以来の都市の彼のまわりに、かの途方もない中世の大学生生活なるものを愛好する人たちが集まってきた。彼らは国家と呼ばれる大きな集団ごとに集まってきたのである。この事実は、中世の国家主義と近代の国家主義との間の相違を非常によく説明しているのである。というのは毎朝スペインの学生とスコットランドの学生の間、フランドルの学生とフランスの学生の間に、けんかが発生して、最も純粋に愛国的な主義主張のために剣がひらめき石が飛んだかもしれないが、それにもかかわらず、彼らが同一の哲学を学ぶために同一の学校にやってきたという事実は残るのである。そのことによって争いが始まるのをふせげたわけではないが、それを終わらせるためには大いに役立ったであろう。大地の果てからもやってきたこれら雑多な学生の集団を前にして、科学の父は、太陽について、彗星について、魚について、鳥について、不思議な知恵の巻物を開いたのである。彼はいわば、アリストテレスのかの唯一の実験上のヒントを発展させたアリストテレス学者であった。この点において彼はまったく独創的であった。彼は人間と道徳に関するより深い事柄について、独創的であることをそれほど欲しなかった。このことについて、彼はキリスト教化された然るべきアリストテレス哲学を次の世代に伝えることに満足していた。彼は、ある意味で唯名論者と実在論者との間のまったくの形而上的な問題について妥協する用意があった。彼ひとりだけでは、平衡のとれた人間化されたキリスト教のために、来たるべき大いなる戦いを支持しなかったであろう。だが、その戦いがやってきた時には彼はそれを完全に支持したのである。彼はその科学的研究の範囲が広いので「全科博士」と呼ばれた。だが、彼は実は特殊な専門家であったのである。民衆の伝説はまったく間違っているわけではなかった。もし科学者が魔術師であるなら、彼は魔術師であった。そして科学者は司祭に比べると魔術師の要素をより多く持っていた。というのは四大元素よりもいっそう根本的な聖霊に従うよりも、科学者は四大元素を支配しようとのぞむであろうから。

講義室に群がる学生の中に、背が高くて太っているという点で目立っている――その他の点で彼は完全に目立ちえなかったし、目立とうともしなかった――ひとりの学生がいた。彼は討論の時も黙りこくっていたので、彼の仲間たちは、沈黙という語のアメリカ風の意味にそれを解釈し始めた。というのはアメリカでは沈黙は頭が悪いということと同意語だからである。明らかに、彼の堂々たる体格さえも、最下級のクラスで一番できない大きな子供の不名誉な図体の大きさと同じに見え始めたのである。彼は「だまり牛」と呼ばれた。彼は単に嘲笑の対象であったばかりか、同情の対象にもなり始めた。ひとりの善良な学生が彼をたいそう憐れみ、書き板の上で、初歩的な論理学のイロハのおさらいをして彼の勉強を助けてやろうとした。低能児のほうは、人を感動させるような丁重さで感謝の意を述べた。博愛主義者のほうはすいすいとおさらいをしてみせたが、ついにあぶなっかしい個所にぶつかってしまった。実のところ、その個所に関して彼は間違っていたのである。すると、どこから見ても迷惑そうで当惑していたこの低能児が、それらしい解答をひとつ出してきた。それは正しく正解だった。この親切な学生は怪物でも見るように、この無知と知性の神秘な塊に対して、目を見張ったのである。やがて奇妙なひそひそ話が学校中に伝わり始めた。

トマス・アクィナス（いうまでもなく右の低能児）の伝記を書いたある修道士は、この出会いの最後のところで、「真理に対する彼の愛は謙遜に打ち勝った」と述べた。彼を正しく理解するならまさにその通りである。だがこの物語は、第二義的な心理的・社会的意味では、この巨大な頭脳の中に活動している諸要素のうねりをことごとく描いているわけではない。アクィナスについての比較的少ない挿話は、すべてもしわれわれがこの人のタイプを生き生きと描くならば、特別な活気を帯びてくるであろう。これはすばらしい一例である。これらの要素の中には、ものを一般化して考える知性が日常生活の些事に俄かに適合しようとする際に出会う困難さ、ひけらかすことに対して真に育ちのよい人が感じるはにかみ、おそらくその例の不思議な麻痺状態、あるいは長い説明よりは誤解のほうを選びたくなる誘惑がそれぞれ幾分かずつ存在するのである。そのような誘惑に誘われたジェイムズ・バリー〔イギリスの小説家、劇作家。一八六〇―一九三七〕は、その興味深いスケッチの中で、一言の警告を添えるより、むしろ、存在しない兄弟ヘンリーを背負うふりをするほうを選んだ。疑いもなく、この途方もない人物の途方もない謙虚さとともに作用したのは、これらの別の諸要素だったのであろう。しかし他のもうひとつの要素が同様に、疑うべからざる彼の真理愛とともに働いて、その誤解を終局に至らしめたのである。それは聖トマスの人柄から決して取り除くことのできない要素である。彼がどれほど夢みがちで、夢中になっていて、理論に没頭しているとしても、彼には「常識」はいくらでもあった。単に教えられるばかりでなく、間違ったことを教えられるに至るまでに、心中鋭く「ああ、これは止めてもらわなくては」と叫ぶ何ものかがあったのである。

そういうことであろうと最初に気づいたのは、おそらくこれら若者たちの博学の教師であり講義者でもあったアルベルトゥス・マグヌスその人であった。彼はトマスに、注釈をつけるとか解説するとかいう小さな仕事を与えたのである。少なくともひとつの討論くらい参加できるように内気を追い払えとも説いた。彼は非常に眼の鋭い老人で、サラマンダーや一角獣だけではなく、他のいろいろな動物の習性を研究していた。彼はすべての怪物の中で最も怪物的な存在たる人間のたくさんの見本を研究していた。彼は世の人の間で、怪物らしい趣きを無邪気に備えている人種の特徴や徴候を知っていた。彼はきわめて優れた教師でもあったので、低能児かならずしも低能児にあらずということも知っていた。彼はこの低能児が仲間の学生にだまり牛とあだ名されていることを知って興味を覚えた。そのことはすべて至極当然であった。しかし彼がついに口を開いた時の異常な力強さにからまる、奇妙で、象徴的な味わいはそれだからといって失われることはなかった。というのは大アルベルトゥスが彼の有名な予言的叫び声をあげて沈黙を破り、「諸君はこの人をだまり牛と呼んでいるが、いいかね、このだまり牛が大声で鳴いて、その声で世界をいっぱいにする時が来るだろう」と言った時、アクィナスはもっと頭がよくて前途有望な弟子たちの中で、目立つこともなければ頑固なまでに反応することもない弟子として一般に知られていたにすぎなかったのである。

アリストテレスやアウグスティヌス、その他多くのもっと古い教師たちに対すると同様、アルベルトゥス・マグヌスに対しても、聖トマスはつねにいつも心からの謙虚さでもって、彼のすべての思索に対して感謝を捧げるにやぶさかではなかった。にもかかわらず彼自身の思索は、ちょうどそれがアウグスティヌスやアウグスティヌス学者と比べて前進であったように、アルベルトゥスや他のアリストテレス学者に比しても前進であった。アルベルトゥスは一角獣やサラマンダーのような寓話を通じてにすぎないにせよ、自然界の事実に対する直接の研究の必要に対してすでに注意を喚起していた。しかし、人間と呼ばれる怪物はさらにはるかに精妙で柔軟な生体解剖を待っていたのである。しかしこの二人の人物は、親しい友人となり、二人の友情は中世紀のこのような中心的な戦いのさ中にあって重要であった。というのは、まもなく判明するように、アリストテレスの復興はドミニコやフランチェスコを賞賛すると同じくらい革命的なひとつの革命だったからである。そして聖トマスはその双方にめざましい役割を演じるように運命づけられていた。

アクィノ家がとうとうその「醜いあひるの子」――黒衣の托鉢修道士だから、やっかい者の「黒毛の羊」と呼ばれるべきであろうか――に対して仕返しの追跡をするのを断念したことが理解されるであろう。その逃亡については華やかで楽しい物語が残っている。黒毛の羊は、一般に一家中の白毛の羊どもの間のけんかによって最後に利益を得るものである。彼らが彼と争うところから話は始まるが、終わりには彼ら同士でけんかをすることになる。彼が塔の中に閉じこめられている間に、家族の誰と誰とが彼の側につくようになったかについては、どちらかというと混乱した話が残っている。彼が女きょうだいをたいそう愛していたことは事実であるから、彼の逃亡を画策したのが彼女たちだったという話はたぶんつくり話ではないであろう。その話によると、彼女たちは大きな籠をゆわえつけたロープを塔のてっぺんに取りつけたというのである。彼がもし、このような方法で牢獄から実際に下ろされて娑婆に逃れたとすれば、それはだいぶ大きな籠であったにちがいない。ともかく彼は、外からと内からと双方から力を与えられて逃亡したのである。だが、結局それは個人的力にすぎなかった。世間はなおも、彼らがローマへの道に沿って逃げた時と同様に托鉢修道士たちを追及し迫害していたのである。トマス・アクィナスは幸運にも、偉大にして顕著な、あげつらうことが不可能なほどに尊敬すべき博学・正統の托鉢修道士たるアルベルトゥスの庇護の下に成長することができたのである。だが、アルベルトゥスもその弟子も、教会内の新しい大衆運動をおびやかしつつあった、つのりくる嵐によってまもなく悩まされることになった。アルベルトゥスは博士の学位を受けるためにパリに召喚された。しかし、この勝負の駒の動きは、すべて挑戦を意味していることを誰もが知っていた。彼は「だまり牛」をともなって行くというおよそ突拍子もなく見える要求だけを出した。彼らは普通の托鉢修道士、つまり修道放浪者のごとく出発した。彼らは行きあった修道院で宿泊した。ついにパリの聖ヤコボ修道院にたどり着き、そこでトマスはもうひとりの友であったもうひとりの托鉢修道士に出会ったのである。

おそらくすべての托鉢修道士をおびやかした嵐の蔭でフランシスコ会士ボナヴェントゥーラはドミニコ会士トマスと深い友情を結ぶようになったので、同時代の人びとは二人をダヴィドとヨナタン〔イスラエル初代の王サウルの子〕になぞらえた。この点はちょっと面白い。なぜならフランシスコ会士とドミニコ会士を互いにまったく矛盾するものとして言い表わすほうがたやすいであろうから。このフランシスコ会士をすべての神秘家の父と呼ぶことができよう。神秘家とは、霊魂の最後の結実ないし喜びは、思想よりもむしろ、感覚だと主張する人、と定義できる。神秘家のモットーはつねに「味わって見よ」であった。さて聖トマスもまた最初は「味わって見よ」と言った。だが彼は人間という動物の最初の基本的な感覚印象としてこの表現を用いたのである。このフランシスコ会士は味を最後にし、このドミニコ会士は味を最初にしたと述べても差支えないであろう。つまりこのトマス哲学創始者は、りんごの味といった何か具体的なものから始め、のちに知性のための神聖な生活とは何かを演繹してくる。これに反し、この神秘家のほうは初めに知性を使い果たして、最後に神の感覚はたとえばりんごの味のようなものだというのである。二人の共通の敵は、聖トマスは果物の味で始め、聖ボナヴェントゥーラは果物の味で終わらせると主張するかもしれない。しかし両方とも正しいのである。そういう言い方が許されるならば、両方とも正しくあるのは、自らの宇宙の中で互いに矛盾しあっている人間の特権である。神と人間との関係は基本的には男女の愛の関係――すべての男女の愛の物語と同じ型と様式――であるという場合、この神秘家は正しい。知性は至上天でくつろぐことができ、真理に対する欲望は、人間のすべての、より怠惰な欲望よりも永続し、最後にそれらを食べつくすという場合、このドミニコ会の合理主義者は同様に正しいのである。

その瞬間、アクィナスとボナヴェントゥーラとは、二人が双方とも正しくありうる可能性において心を励まされた。二人が双方とも間違っているということをほとんどすべての人が一致して考えているということによってではあるが。ともかくそれは激しい騒乱の時代であった。そしてそのような時代によくあるように、物事を正しくしようと試みる人は物事を誤るものとして猛烈に非難されたのである。その混乱の中では誰が勝利を得るのか誰にもわからなかった。回教か、南フランス・ミディのマニ教徒〔カタリ派のこと〕か、表裏つねならぬからかい半分の皇帝か、十字軍か、キリスト教世界の古い修道院か。だが、何もかも分裂していて、あらゆる最近の実験や極端なやり方は同一の社会的崩壊の一部だ、というふうに非常に生き生きと感じる人たちがいた。そしてこのような人びとが破壊の徴候とみなすものが三つあった。ひとつは、東方からのアリストテレスの恐るべき亡霊、つまり、アラビアの崇拝者に支持された一種のギリシアの神であり、もうひとつは、托鉢修道士たちの新しい自由であった。修道院の扉が開かれて、修道士たちがばらばらになって世間をさまよい始めたのである。それまでは封じこめられていた炉、神に対する熱烈な愛の炉から飛び出た火花のように彼らはさまよった、という一般人の感じ方、そして、彼らは完徳のすすめ〔新約聖書「マタイ福音書」第一九章第二一節〕でもって一般人の心の平静を乱し、漂泊の末デマゴーグに堕するだろうという感じ、こういった感じはついに激烈な反動たるサンタムールのギョーム〔フランスの神学者、教区司祭。一二〇〇頃―七二〕の『末の世の危険』と呼ばれる有名な書物の形で爆発した。本書はフランス王と教皇とに挑みかかったもので、その結果両者ともその取り調べを開始した。互いにあべこべの世界の持ち主であった二人の不似合な友人であるアクィナスとボナヴェントゥーラは托鉢修道士の自由を弁護するためにローマに上ったのである。

トマス・アクィナスは、彼の青年の日の偉大なる誓願を、自由と貧者のために弁護した。

おそらくそれは、彼のいつも勝利に輝いていた一生涯の中でも最高の瞬間であった。というのは、彼はその時代の後向きの運動を全部前向きに変えたからである。責任ある権威者たちは、彼がいなければ、托鉢修道士の偉大な大衆運動は破壊されていただろうというのである。この好評な勝利とともに、その内気でおどおどした学生はついに歴史的人物となり、公的な人物ともなった。この後、彼は托鉢修道会と同一視されるようになった。聖トマスは彼の家族と同様な見解をとった反動主義者たちに反対して托鉢修道会を弁護することにおいて名をなしたと言うことができるが、名をなす人と本当に仕事をする人とは一般に相違するものである。トマス・アクィナスの仕事はまだこれからであった。しかし、彼よりものんびりした人でもその日が近づいていることはわかった。大ざっぱに言えば危険は正統主義の危険というべきもので、あまりにも安易に古き秩序と正統主義とを同一視し、アリストテレスを最後的・決定的に非難する危険性であった。そのような趣旨で書かれた性急な手当りばったりの非難があちこちで現われ、教皇や主要な裁判官に対する偏狭なアウグスティヌス主義者の圧力は、日に日に強まった。当然のことながら、回教がビザンティン文化に近接しているという歴史的・地理的偶然のために、危険が現われていたのである。アラビア人は、ギリシア人の真の後継者たるラテン人よりも以前にギリシア語の手写本を握っていた。そして非常に正統的な回教徒ではなかったけれども、回教徒の中に、アリストテレスの哲学を正統的キリスト教徒には受け入れにくい汎神論哲学に変化させつつあるものがいた。しかし、この第二の論争は第一のよりももっと多くの説明が必要である。序文の中で述べたように、大半の現代人は聖フランチェスコが少なくとも、より大きな同情心の解放者であったことを知っている。また中世紀に対する彼らの考え方は別として托鉢修道士は相対的な意味で、より大きな兄弟愛と自由とをめざす大衆運動だったことも知っている。ほんのちょっぴり進んだ知識でもそれがあれば、このことがフランシスコ修道会についてと同様にドミニコ会にも一つ一つあてはまることが明らかになろう。今日では誰も、特別に聖フランチェスコや聖トマスのような臆しない革新者に反対して、封建的な大修院長や同じところに住んで動かない観想修道士たちを弁護することにとりかかりはしないであろう。だから、われわれは、当時の全キリスト教界を震わせたにもかかわらず、托鉢修道士についての大議論のほうは短く要約して差支えなかろう。しかし、アリストテレスについてのより大いなる議論は、より大いなる困難を示している。いま少し骨を折らねば近づくことのできぬ近代人の誤解がそれにはまつわりついているからである。

おそらく、歴史に記録される革命などというものは、現実には存在しないのである。起こったものはつねに反革命であった。人びとはつねにすぐ前の反逆に対して反逆するか、あるいはすぐ前の反逆を後悔しているのである。もし流行を追う精神が、まさにすぐ前の反逆を、すべての時代に同時に反逆するものとしてみなす習慣に陥っていないとすれば、今述べたような事実を最も気まぐれな現代の流行の中に見ることができるであろう。現代女性が口紅とカクテルを愛好するのは、固い立襟をつけ、厳格な禁酒家だった八〇年代の女権論者たちに対して反逆しているのである。それは、あたかもその女権論者たちが、物憂いワルツの調べを愛したり、バイロンの引用句でアルバムをいっぱいにしていた初期ヴィクトリア朝の女性に反逆し、あるいは、その初期ヴィクトリア朝の女性たちが、ワルツを目して気ちがいじみた乱行と考え、バイロンを当時のボルシェヴィストと考えていた清教徒の母親たちに反逆したのに似ていた。歴史をさかのぼって清教徒の母親に至れば、彼女たちもまた、国教会の王党派的放縦に対する反逆の代表者であったのである。国教会も初めはカトリック文明に対する反逆者であり、カトリック文明は異教文明に対する反逆者だったのである。狂人以外の誰もこれらが一連の進歩だとは思い込めないであろう。なぜなら、これらは振子のようにゆれ動くだけだからである。どちらが正しいにしても確実に間違っていることがひとつある。それは近代という終端からだけ物を見る近代的習慣である。それはただ物語の終端を見ているだけである。それらは、いつ始まったかわからないゆえに、何に反逆しているのかもわからないからである。終わりにだけ夢中になって事の始まりを知らないのである。従ってそのもの自体もわからないのである。小事件と大事件がどのようにちがうかというと、大事件の場合にはまったく巨大な人類的激変が生じるため、人間は新世界の人間のようにそこから出発するということになるのである。まさにこの新しさが彼らを長く前進させることになるが、一般には長く前進しすぎることになる。知的推進力が永続しすぎてかえってこれらのものが過去の遺物のように見えることになるのは、これらが強力な反逆とともに出発するからである。このことのすぐれた実例がアリストテレスの復活と無視という実話である。中世紀の終わりまでには、アリストテリアニズムは次第に陳腐になってしまった。非常に新鮮で成功した新しさだけがそれと同じほど陳腐になりうるのである。

歴史を暗くした蒙昧主義《オブスキュランティズム》の最も黒いカーテンを引いた近代人たちが、ルネサンスと宗教改革の前には見るべきものはほとんどなしと判断した時、ただちに彼らの近代的な歩みが始まった。しかし彼らは同時にたいへんな失敗に陥っていたのである。それはプラトニズムに関連する失敗であった。彼らは（歴史上さかのぼることを許された限度ともいえる）十六世紀の威張りくさった王侯の宮廷のあたりをうろついて、そこに、アリストテレスにはうんざりしたと言ったり、ひそかにプラトンに夢中になっている様子の、反聖職者的芸術家・文学者たちを発見した。中世人の本当の物語をまったく知らぬ近代人はたちまちにしてわなに陥った。彼らはアリストテレスを、まっ暗な中世の背景の中から出て来た気むずかしい古めかしさと専制の権化と思いこんだ。そしてプラトンのほうは、キリスト教徒が味わったこともない、まったく新しい異教的な喜びだと思ったのである。ノックス神父〔イギリスの司祭、著述家。一八八八―一九五七〕は、アメリカの評論家、H・L・メンケン氏〔アメリカの評論家。一八八〇―一九五六〕の頭脳が、たとえばこの問題についてどれほど驚くべき無知の状態にいるかを示した。もちろん、事実としては話はまさしくあべこべであって、どちらかといえば、プラトニズムこそは古き正統主義であり、アリストテリアニズムこそは非常に近代的な革命だったのである。そしてこの近代的革命の指導者こそはまさしく本書の主人公だったのである。

事実、歴史的カトリック教会は最初はプラトニスト、そしてむしろあまりにもプラトニスト的であるところから始まっている。プラトニズムは最初の偉大なギリシア神学者の呼吸したまさに黄金のギリシア的空気の中にあった。キリスト教の教父たちはルネサンスの学者たちよりもはるかにネオ・プラトニストであった。ルネサンスの学者はネオ・ネオ・プラトニストにすぎなかったのである。というのは、クリュソストムス〔コンスタンティノポリスの総主教。三四七頃―四〇七〕やバシレイウス〔キリスト教のカッパドキアの三教父の一人、聖人。三三〇頃―七九頃〕にとっては、世界中の社会問題や進歩や経済危機について語る今日の宗教人にとってと同様に、ロゴスつまり哲学者の目的たる知恵によって物を考えるのが正常であり、普通であった。聖アウグスティヌスがキリスト教徒になる前にマニ教徒であり、マニ教徒になる前にプラトニストであったのは、自然な精神的進化の過程に従ったのである。まさにこの一番先にプラトニストであったという関連において、あまりにもプラトン的でありすぎることの危険の最初のかすかな暗示を見ることができよう。

ルネサンスから十九世紀に至るまで、近代人は古代人に対して途方もないと言っていいくらいの愛情を持っていた。中世紀の生活を考えるに当たって、近代人はキリスト教徒を目して異教徒の門弟たち、つまりイデアにおいてはプラトンの、理性と科学においてはアリストテレスの門弟たちにすぎないと考えたのである。事実は然らず、ある点では最も単調なまでに近代的な立場から見てさえ、カトリシズムはプラトニズムやアリストテリアニズムよりも数世紀進んでいたのである。われわれはたとえば占星術の退屈な執拗さの中にその証拠を見ることができる。この点に関して、迷信の側にいたのは哲学者たちで、迷信に反対したのは実に聖人たちとすべての迷信的な（と近代人には見える）人たちであった。しかし偉大な聖人たちすらこの迷信から手を切ることに困難を感じていた。アクィナスのアリストテリアニズムに疑いを持つ人びとは二つのことをつねに述べていた。だが、その二つをいっしょにしてみるとわれわれには今やまったく奇妙で滑稽に聞こえる。そのひとつは、星が人格的な存在でわれわれの人生を支配するという考えで、もうひとつは、人間は人間全体としてひとつの精神を持つという偉大なる一般論——霊魂の不滅性、つまり個性というものに明らかに反するものだが――なのである。両者とも、古代人の専制政治が今なお強力に残っているように、近代人の間に残存している。星占いは日曜新聞にのさばっているし、もう一方の原理はいわゆる共産主義の中にその第百番目の新しい形態――つまり蜜蜂の巣箱の魂――をとっている。

この立場はひとつの予備的な点で誤解されてはならない。われわれがアリストテレス革命の実際的価値と、それを指導するアクィナスの独創性を讃える時、われわれは彼以前のスコラ哲学者は哲学者ではなかったとか、すぐれて哲学的であったとは言えないとか、古代哲学に接していなかったとか、われわれは言うのではない。哲学史上ひどい断絶がかりにあったとすれば、それは聖トマス以前でも、中世史の初めでもなく、聖トマス以後であり、近代史の初めであった。ピタゴラスやプラトンからわれわれに伝わっている偉大な知的伝統はローマの略奪とかアッティラ〔フン族の王。四〇六頃―五三〕の勝利とか暗黒時代のすべての蛮族の侵入のような些事によっては中断されたり失われたりしたことは決してなかった。それは印刷術の導入、アメリカの発見、王立協会の設立、ルネサンスと近代世界のあらゆる啓蒙主義が現われて初めて失われたのである。まさにそこにおいて、古代の高みから下ってきた長く細い繊細な糸、人間独得の趣味たる思考するという習慣の糸が見失われたり、せっかちにも切断されたりしたのである。それが証拠には、大ざっぱな言い方だが、この時期より後に印刷された書物についていえば、十八世紀か十七世紀の終わりにならなければ、新しい哲学者の名前を発見できない。しかも彼らといえどもたかだか新種の哲学者にすぎないのである。だが、ローマ帝国の衰微期も暗黒時代も中世初期も、プラトン哲学に反対のものを無視するように大いに誘惑されはしたけれども、決して哲学を無視したことはなかった。その意味で聖トマスには、他のおおかたの非常に独創的な人びとに似て、長い明確な系図が存在する。彼は、聖アウグスティヌスより聖アンセルムスへ、そして聖アンセルムスから聖アルベルトゥスへと、絶えずふりかえって権威に言及し、彼らと意見を異にする場合にも敬意を表したのである。

ある博識な国教会の信者は、かつて私に辛辣な感じの口調で言った。「誰もがトマス・アクィナスがスコラ哲学の始まりみたいに話すのは理解できない。彼がその終わりだというのならわかるのだが。」この言葉は皮肉のつもりかどうかは別として、それに対する聖トマスの答えは礼儀正しいものであったろうとわれわれは確信する。トマス哲学流の言い方でもって、事の終わりとは、その破滅を意味するのではなく、その成就を意味することだ、というふうにある種の平静さを保って答えることは、事実、容易であろう。神がわれわれの存在の終局だという意味で、トマスの哲学が哲学の終局だとしても、どんなトマス主義者も苦情を言わないであろう。というのは、それはわれわれが、存在することを止めることを意味するのではなくて、かの「久遠の哲学」(philosophia perennis)のように永遠的になることを意味するのである。だが、このような主張はさておき、私と話をした先刻の卓越した人物の言葉が、アクィナス以前にさかえた、教義哲学者のもろもろの王朝的系譜は、アリストテレス学者たちの大反逆の日までさかのぼると述べている点で、正しかったことを想起するのは重要である。その大反逆は完全に突然に来たわけでもなく、予見されなかったわけでもない。最近のことであるが、「ダブリン評論」のある有能な寄稿者は、アリストテレス以来、アクィナスに至るまでに、形而上学の本質全体がある意味で長足の進歩をとげている事実を指摘した。その論文によれば、かのスタゲイラ人(アリストテレス)は、それにつづく中世哲学の精密さのいくつかと比較する時、実際上、ある意味では粗野、粗雑な哲学の創始者にすぎなくなると言っても、また、大きなヒントをいくつか与えたのはかのギリシア人(アリストテレス)であるが、それを受けて最も精妙で細かいニュアンスまで発達させたのはスコラ哲学者たちであると言っても、二つの言い方ともアリストテレスの原始的にして巨大な天才に対して不敬にはならないであろうということになる。これは誇張した言い方かもしれない。でもそこには真理がある。それはそれとして、プラトンの哲学は言うに及ばず、アリストテレスの哲学にも高度に知的な解釈の伝統が存在したことは確実である。その精妙さはのちに堕落して重箱の隅をつつくようなものになりはしたが、それにもかかわらず、それは精妙さを失わぬつつき方であり、非常に科学的な道具を必要とする仕事であった。

アリストテレス革命を真実に革命的たらしめたのは、それが真実に宗教的だったという事実である。これは根本的な事実であるから、本書の最初の数ページにおいて、その反逆は大部分キリスト教世界の最もキリスト教的な要素を持った反逆であったと述べてもよいと考えたほどである。聖トマスは聖フランチェスコと同様に、千年以上にもわたる日常的な繰り返しのため、すり切れてなめらかになった堅いカトリックの教義と戒律の上を大衆の手がすべってつかめないこと、そして今や信仰は別の角度から取り扱われ、新しい光の下に示されねばならないことを無意識のうちに感じていたのである。しかし彼は民衆の救済のために、信仰を大衆化するというのぞみ以外には何の動機も持っていなかった。大ざっぱにいうと、それまで信仰があまりにもプラトン的にすぎて大衆的でありえなかったのは事実である。それをもう一度常識の宗教の中にもどすためにアリストテレスの鋭くて親しみのある感じのようなものが必要だったのである。彼の動機と方法とはアウグスティヌス学派に対するアクィナスの戦いの中で説明されている。

第一に想起されねばならぬのは、ギリシアの影響が、ギリシア帝国から、いや少なくとももはやローマではなしにビザンティウムというギリシアの都市にあったローマ帝国の中心から、絶えず流れていたということである。その影響は善い意味でも悪い意味でもすべてビザンティン的であった。それはビザンティン芸術のように厳しくて、数学的で、少しばかり恐ろしげであり、ビザンティンのエチケットのように東洋的であり、どこか頽廃的なところがあった。ビザンティン帝国が漸次硬化して、中国の天子に役立った神政政治にいっそうよく似た一種のアジア的神政政治に変わっていった事情については、われわれはクリストファー・ドーソン氏〔イギリスの哲学者。一八八九―一九七〇〕に啓蒙されるところが多い。しかし学殖のないものにすら、東方のキリスト教がちょうど聖像の顔を平らなイコンに変えたように、万事を平らにしてしまったそのやり方の中に、西方との相違点を見ることができるのである。それは絵というよりはむしろ模様のようなものになってしまった。それは聖像に対して明瞭で破壊的な闘いを挑んだ。かくて、まことに奇妙なことだが、東方は十字架の国で、西方は十字架（磔刑）像の国ということになったのである。ゴート人が拷問具によって人間的に変えられつつあった時、ギリシア人はきらきら光る象徴によって非人間化されつつあった。東方から出たすべての物語のうち最大の物語を写実的な絵にしたのは西欧だけであった。そこでキリスト教神学の中のギリシア的要素は次第に一種のひからびたプラトニズム、つまり図表と抽象に属するものに変わって行き、最後には、事実、高貴な抽象を生み出したのである。しかし、本来、抽象とはほぼ正反対といえるあの偉大な事柄、つまり

「御託身」には十分ふれることがなかったのである。彼らのロゴスというのは、みことばであったが、肉体となったみことばではなかった。きわめて精妙なる無数の仕方において、しばしば教義上の定義を回避しながら、この精神は神聖なる皇帝が黄金のモザイクの下に坐し給うていた場所よりキリスト教世界にあまねくひろがって行った。かくてローマ帝国の平坦な街道はついにマホメットのためのなだらかな通路となった。なぜなら回教というのは偶像破壊者たちが最後に成就したものであったからである。しかしそれよりずっと前から十字架を三日月のような単なる飾りにするとか、ギリシアの鍵とか、仏陀の車輪のような模様にするとかいったような傾向は存在した。しかし模様なるものにはどこか受動的なところがある。ギリシアの鍵は扉を開かないし、仏陀の車輪は回転しても前へは進まない。

ひとつにはこれらの否定的な影響力のため、ひとつには殉教者たちの恐るべき水準と張り合おうとする、必要にして崇高な禁欲主義のため、初期キリスト教時代は極度に反肉体的であり、マニ教の神秘主義の危険な線にきわめて近接していた。しかし賢者が肉体を無視した事実よりも、聖人が肉体を苦しめた事実のほうが危険ははるかに少なかった。キリスト教に対するアウグスティヌスの貢献の壮大さを認めるけれども、ある意味でマニ教徒たりしころのアウグスティヌスよりもプラトニストとなったアウグスティヌスにもっと微妙な危険があった。聖三位一体の実体を一つ一つに分割しようとする異端を無意識に犯す気分がそこから出て来たのである。神のことをもっぱらきよめる聖霊としてのみ、もしくは罪をあがなう救主としてのみ考え、創造する創造主としてほとんど考えなくなったのである。この理由でアクィナスのような人は、アリストテレスに訴えることによってプラトンを正すことを正当と考えたのである。アクィナスはものを神が創造し給うたままに受け入れたが、それと同じようにアリストテレスはものを彼が見出したままに受け取ったのである。聖トマスのすべての著作の中には積極的な創造の世界がつねに現存している。人間的に言えば、便宜上異教哲学の中のある要素を利用したとしても、キリスト教神学の中の人間的要素を救出したのは聖トマスであった。ただ、今までに強調したとおり、人間的要素こそはまたキリスト教的要素でもあったのである。

教会の高所を横切った、アリストテレスの危険性に対する恐怖は、いうなれば砂漠から吹いてくる一陣の乾燥した風のようなものであった。教会はアリストテレスに対する恐怖よりも、マホメットに対する恐怖でむしろいっぱいであった。だからこのことは皮肉なことであった。アリストテレスをキリストに和解させるよりも、彼をマホメットと和解させるほうがはるかに困難だったからである。回教は本質的に言って単純な人のための単純な信仰である。そして何人も汎神論を現実に単純な信仰に変化させることはできない。それは同時に抽象的で、しかも複雑でありすぎるのである。人格的な神を信じる単純な信者はいる。そして人格的な神を信じるよりももっと単純な無神論者もいる。しかし単なる単純さから神のない宇宙を神として受け入れる人はほとんどいない。回教徒はキリスト教徒に比較すると、おそらくより人間的でない神を持っていたが、できるものならもっと人格的な神を持ちたかったであろう。アラーの神の意志はいわば遺言のようなものであった。それはひとつの傾向を持った流れに変えることはできないであろう。宇宙的な抽象的な面のすべてにおいてカトリック教徒は回教徒よりも——ある点までは——もっと融通性があった。アリストテレスは人格的な神の非人格的な要素に関しては正しいということを、カトリック教徒は少なくとも認めることができた。それゆえ回教徒の哲学者について大ざっぱに、良い哲学者になったものは悪しき回教徒になったのだと言えるであろう。多くの司教や博士たちが、トマス学派は良い哲学者になれるかもしれないが悪いキリスト教徒になるかもしれないといって心配したのもまったく不自然とは言えない。しかし彼らが良い哲学者であることを強く否定した人びとは、厳格なプラトン＝アウグスティヌス学派の中にもたくさんいたのである。プラトンへの愛とマホメットへの恐怖というむしろ矛盾した情熱の間でキリスト教世界のあらゆるアリストテレス的教養の前途がまっ暗に見えた瞬間があった。破門につぐ破門が高所から雷鳴のように発せられた。そしてしばしば起こった迫害の蔭にあって、嵐の吹きすさぶ地域に一瞬、一、二の人影だけがわずかに立っているのが見えた。彼らは二人ともドミニコ会士の黒白の修道服に身を包んでいた。しっかと立っていたのはアルベルトゥスとアクィナスだったからである。

この種の戦いにはつねに混乱がある。魔術にかけられたように多数派が少数派になり、また多数派にもどるのである。うず潮のうねりにも似た時の流れの変わり目の時をはっきりさし示すのはつねに困難である。時そのものが危機の上に折り重なって混乱を増大しているからである。しかし、二人のドミニコ会士が二人っ切りで立ち上がったその瞬間から、全教会がついに彼らと一致して進み始める瞬間に至るまでの間に、情勢の変化が実際に見られるようになったのは、おそらく敵意を持ってはいたけれども不公正ではなかったひとりの裁判官の前に彼らが引き出された瞬間あたりであった。パリの司教ステファン・タンピエ〔?―一二七九〕は明らかに古い熱狂的な教会人のむしろ立派な標本だった。彼はアリストテレスを賞賛するということは、次にはアポローンを賞賛する結果をひき起こす可能性を持ったひとつの弱点だと考えたのである。彼はひとつの不運から、説教托鉢修道士（ドミニコ会士）の大衆的な革命をひどく嫌った旧式な社会的保守主義者だった。しかし彼は正直な人であった。そしてトマス・アクィナスは正直な人たちに話しかける許しを得ることとしか求めてはいなかったのである。彼の周囲には他にもっといかがわしい種類のアリストテレス的革命家たちがいた。ブラバンから来たソフィストのシゲルス〔哲学者。一二四〇頃―八四〕はアラビア人から彼のアリストテリアニズムを学び、いかにしてアラビア的不可知論者が同時にキリスト教徒たりうるか、巧妙な理論を展開していた。またアベラール〔フランスの哲学者・神学者。一〇七九―一一四二〕を歓呼する多くの若者たち――十三世紀の若さにみち、スタゲイラ産の葡萄酒に酔うていた――もいた。古い清教徒的なアウグスティヌス学派は彼らに対して反対の立場をとって、不機嫌であり、なだめにくかった。彼らは非常に喜んで合理主義者のアベラールとトマスとを曖昧な回教的形而上学者たちと同類だとみなしたのである。

　トマスの勝利は実際に個人的な勝利であったと思われる。彼は自分の命題をひとつも撤回しなかった。もっとも彼の死後、例の反動的司教は命題のいくつかを有罪としたと言われているが。しかし全体として、アクィナスはおおかたの彼の批判者たちに対して、彼らがそうであるのと同じくらい自分も善良なカトリックであることを納得させた。この論争の危機につづいて修道会間に口論が起こるという結末になった。しかしアクィナスのような人がタンピエのような人を、部分的にではあるがとにかく満足させたという事実が、本質的な論争の結末を意味したと言うことはたぶん真実であろう。すでに少数者に知られていたこと、つまりアリストテレス学者も真実にキリスト教徒であることができるということが多数の人にも知られるようになった。もうひとつの事実が一般の考え方の変化に役立った。それはむしろ奇妙にも聖書翻訳の物語、一般に言われているカトリックによる聖書の抑圧の物語に似ているのである。教皇がパリの司教よりずっと寛大であった楽屋裏ではアクィナスの友人たちがアリストテレスの新しい翻訳を仕上げる仕事に一所懸命にとりかかっていたのである。その事実はその異端書の翻訳が多くの点でそれまではきわめて異端的な翻訳であると考えられていたことを証明している。この仕事の最後的完成とともに、偉大なギリシア哲学がついにキリスト教の体系の中に入ったといえるのである。その過程は半ば冗談的にアリストテレスの受洗といわれてきた。

科学者の謙遜に関して世間では、きわめて純粋に謙遜である人が多くいる反面、謙遜を非常な自慢にしている人も少数いるという。トマス・アクィナスが聖人の謙遜さの特別な変種として、科学者の謙遜さを実際に持っていたことは、短い研究書たる本書でうるさいほど私は繰り返し述べている。彼が自然科学の実験や詳細においては、何ら具体的な貢献をしなかったのは事実である。この点ではすぐ前の世代よりもおくれてさえいたし、彼の師匠のアルベルトゥス・マグヌスより実験科学者としてははるかに劣っていたと言いうるのである。しかしそれにもかかわらず、彼は歴史的に言って、学問の自由の偉大なる味方であった。彼が基礎を置いた諸原理は、正当に理解された場合には、単なる反啓蒙的な迫害から科学を守るために生み出された原理としてはおそらく最善のものであろう。たとえば、聖書の霊感という問題においては、彼は四世紀にわたる猛烈な宗派争いによって忘れられていたところの、聖書の意味は自明とは言いがたく、他の真理の光をあてて多くの場合解釈しなければならない、という明らかな事実に初めて注目したのである。もし文字通りの解釈が明白な事実と完全に矛盾する場合には、文字通りの解釈は間違った解釈にちがいないと言いうるのみである。だが事実は、現実に明白な事実でなければならない。そして不幸にも十九世紀の科学者たちは、十七世紀の分離派信者が聖書についてのどんな推量も明解な説明だという結論にすぐとびついたのと同じように簡単に、自然についてのどんな推量も明白な事実だという結論にとびついたのである。このようにして聖書は何々を意味するはずという個人的な理論と、世界は何々を意味するはずだという未熟な理論とが、特にヴィクトリア朝において、広く宣伝され、大声で行なわれた論争の中でぶつかったのである。この二つの性急な形態の無知のぶざまな衝突が宗教と科学の闘争として知られているのである。

最も低いものの吟味のために、最も低い立場を積極的に取ろうとしたという、このまさに生き生きした特別な意味あいにおいて、聖トマスは科学的な謙遜さを持っていたといえる。彼は近代の専門家のように、虫をまるで世界ででもあるかのように研究したのではなく、虫の実在性の中に世界の実在性を研究することを喜んで始めたのである。彼のアリストテリアニズムとはただ最も低い事実の研究はやがて最も高い事実の研究に通じるということだったのである。彼がたどった過程が論理学的であって生物学的ではなく、科学よりもむしろ哲学にかかわっていた、ということによって根本的な考えが変わることはなかった。つまり、彼ははしごの最も下のところから始めるといいと考えていたのである。彼は聖書と科学、その他の問題に対する自らの見解によって、自分よりももっと純粋な意味で実際的であった先駆者たちのために一種の免許を与えたのである。もし人びとが彼らの実際的な発見を本当に証明できるならば、聖書の伝統的解釈はこれらの発見の前に屈服しなければならないと彼は実際に発言した。月並みな表現ではあるが、彼はこれ以上に公正なことを言いえなかったろう。もしその問題が彼、そして彼のような人にまかせられたならば、科学と宗教との間に争いは決して起こらなかったであろう。彼は両者のために二つの領域を配置し、その間に正しい境界を引くために最善をつくしたのである。

キリスト教はだめになったと愉快そうにいう人が時々ある。その言葉によって意味されているところは、キリスト教は、今日までに次々に興亡を重ねた大革命のすべてに固有な、あの徹底的で壮大で威圧的な至高性を持っていないということである。あらゆる人が王党派だったとか、あるいは共和主義者だったとか、あるいは共産主義者だったとか、数カ月間は言うことができるというような意味あいであらゆる人がキリスト教徒だったと言いうるような瞬間はなかった。だが、もしも分別のある歴史家たちが、キリスト教的特質が成功を収めた場合の意味を理解したいとのぞむならば、それまでは埋没していて異端者の楽しみのためにしか掘り起こされたことのない異教徒の合理主義というものを支持した際に聖トマスが示したような重量感溢れる精神的迫力以上にぴったりした実例を見出すことはできないだろう。何となならば、厳密にそして正確に言って、新しい種類の人が新しい種類の方法で合理的な研究を行なおうとしていたがゆえに、人びとは死んだ悪魔の殿堂や死んだ専制君主の宮殿にかけられた呪いを忘れ、また生命をかけて戦ったアラビアからの新しい激怒を忘れていた。というのも、人びとが分別に戻るように、人びとの本心に戻るよう求めていたのは、ひとりのソフィストではなく、ひとりの聖人だったからである。アリストテレスは自ら偉大であり、その偉大さを知っている、いわゆる「大度の人」を描いた。しかし偉大でありながら、自らの卑小さを知っている人、つまりさらに程度の高い「大度の人」がいなかったならば、アリストテレスは自分自身の偉大さを再発見することは決してできなかったであろう。

用いられている文体の重々しさとある人びとが称しているものには、ある種の歴史的な重要性がある。筆者の考えでは、同時代の人びとに確実に相当の効果を与えた奇妙に率直な印象が彼の文体にはある。時として聖トマスは懐疑派と呼ばれたのである。実のところ、明らかに聖人だったがゆえに、彼は懐疑派としても非常に寛大に扱われたのである。彼がアラビアの異端者とほとんど見分けのつかない、頑強なアリストテレス学派として立っているように思われた時に、彼を守ったものは、その単純さ、その外見通りの善良さと真理への愛に由来する驚異的な力であった、と私は真剣に信じている。異端者の傲慢な確信に抵抗する態度をとっていた人びとも山のように巨大な謙遜、いや、山の鋳型ともいうべき巨大な谿谷《けいこく》に似た謙遜の前に、足をとめ、立ち止まることを余儀なくされたのである。中世紀の慣習をすべて考慮に入れた上で、他の革新者の場合はいつもこうはいかなかったとわれわれは感じている。アベラールからブラバンのシゲルスに至る人びとは、歴史の長い過程の上で、どこかひけらかすような雰囲気をとどめていた。トマス・アクィナスがひけらかしていると感じえた人はひとりもおるまい。苦情をいう人はなきにしもあらずだが、その退屈な言いまわし自体が莫大な説得力を持っているのである。知恵と同時に機智を示す能力もあったであろうが、非常にまじめだった彼は、機智を混じえずに、知恵を示したのである。

勝利の時のあとに危機の瞬間がきた。同盟関係というものはつねにそうなるものである。特にアクィナスは二正面作戦をとっていたからである。彼の主な仕事はアリストテレスの濫用に対して信仰を守ることであった。しかも彼は、大胆にもアリストテレスの利用を支持することによってそのことを行なったのである。彼が最も大事と考えていたすべてに対してアリストテレスが勝利したとばかり、無神論者や無政府主義者たちの大群が彼の背後で拍手喝采していることを彼は十分に知っていた。にもかかわらず、トマス・アクィナスの、論争時の驚くべき平静さを乱したのは、アラビア人とかアリストテレス的異教徒の存在でもなければ、無神論者の存在でもなかったのである。彼がアリストテレスのために収めた勝利のすぐあとにつづいて起こった現実の危険は、ブラバンのシゲルスの奇妙な事件の中にはっきりと現われた。キリスト教世界の奇妙な歴史を理解し始めようとするものにとってそれは十分に研究価値を持っている。それを特色づけるものはひとつの非常に奇妙な性質であって、近代の敵も気づかず、味方も稀れにしか気づかないのであるが、これまでつねに信仰の独自の特色であったのである。それは、アンチ・キリストはキリストに生き写しであるという伝説において象徴されている。「悪魔は神の模倣者」という深い意味を持った諺にも現われている。実際、過ちというものは、それが真実に非常に近い時ほど間違っていることはない。キリスト教徒の良心が苦痛のために叫び声をあげるのは、敵の剣が真理の神経に近いところに切り込んできた時である。アラビアのアリストテレス学者の何人かに従って、ブラバンのシゲルスは大半の現代の新聞読者なら、たちまち聖トマスの理論と同じであると断言するような理論を提出したのである。それこそ聖トマスを決定的に彼の最後の最も強い抗議へと奮起させたものであった。彼は哲学と科学という、より広い領域のために勝利を得ていた。彼は信仰と探究についての一般的な理解、つまりカトリック教徒の間に一般に見られ、しかもそれを見捨てるならば必ずわざわいとなるひとつの理解のために、行く手を切りひらいていたのである。それは、それを主張すれば結局科学者自身の原則にもとることになる、不謬性とか窮極性というものを主張しない範囲内で、科学者は自由に探究と実験とを進めるべきだという考えであった。それに反し、それを主張すれば教会自身の原則にもとることになる、信仰の蓄積を変化させる権限というものを主張しない範囲内で、教会は超自然的なものを発展させ定義づけることを進めるべきだという考えであった。アクィナスがこう言い終わった時、ブラバンのシゲルスは立ち上がって、それにひどく似ていながら、それとは非常に異なったことを述べたので、彼はアンチ・キリストのように、特に選ばれた人びとをも欺くことができたろうと思われたほどであった。

ブラバンのシゲルスは、教会は神学的には正しいにちがいないが科学的には誤りを犯す可能性があると言ったのである。真理は二つあるのであって、超自然的世界の真理と超自然的世界とは矛盾する自然界の真理とがある。われわれが自然科学者である場合には、キリスト教はまったく馬鹿馬鹿しいと想定することができる。しかし自分たちがキリスト教徒であることを想起する時には、キリスト教は馬鹿馬鹿しくとも真理であると認めなくてはならなくなるのである。別な言葉で言えば、ブラバンのシゲルスは大昔の戦いの伝説に出てくる「真っ向幹竹《から》割り」のように、人間の頭を真っ二つに割った上で、人間は二つの頭を持っていて、その一方で彼は完全な信仰を持たねばならないが、もう一方でもって完全に不信仰にならねばならないと宣言したのである。多くの人びとにとってこれは少なくともトマス哲学のもじりのように見えよう。実は、これはトマスの哲学に対する闇討ちを意味するのである。それは同一の真理を発見するための二つの方法ではなく、それは二つの真理があることを想定する虚偽の方法なのである。このことに気づけば異常に面白いことだが、これはかの「だまり牛」が狂暴な牡牛のように突進した唯一の機会であった。ブラバンのシゲルスに答えるために立ち上がった時、彼はまったく人が変わっていた。人間の声の調子を保っていた彼の文体はにわかに一変した。彼はそれまで自分に反対するどんな敵にも腹を立てたことは一度もなかった。しかしこれらの敵は、彼を彼らに同意させるという最悪の謀反を試みた。

神学者が重箱の隅をつつくような区別を立てるといって不平をこぼす人にとって、これ以上に彼ら自身の愚かさを十分に示す実例を見つけ出すことはほとんど不可能であろう。事実、重箱の隅をつつくような区別を立てていると、まったく正反対に陥る可能性がある。

それはこの場合特にそうなのである。聖トマスはひとつの真理に二つの道から接近することを積極的に可能にしようとしたのである。その理由はまさしくひとつの真理しかないと彼が確信していたからである。なぜなら、信仰は唯一の真理で、自然の中に見出されるものはすべて終局的には信仰には矛盾しえないのである。なぜなら信仰は唯一の真理であり、信仰から引き出すことのできるものはすべて終局的には事実と矛盾しないからである。それは事実、自分の宗教の真実性に対する奇妙なまでに大胆な確信であった。その真実性を論議することをためらう人もいるであろうが、それはすでに正当化されているのである。十九世紀において信仰に矛盾すると思われた科学的事実はほとんどすべて二十世紀では非科学的な虚構とみなされている。唯物論者すら唯物主義からすでに逃げ出しているのである。心理学における決定論についてかつてわれわれに講義をした人は、すでに物質における非決定論について語っている。しかし聖トマスの自信が正しかったにせよ、誤っていたにせよ、それは自己矛盾を来たすことのありえないひとつの真理がある、という特別な、この上ないひとつの確信だったのである。そして敵どものこの最後の一団は立ち上がり、二つの矛盾しあう真理が存在すると言い、そのような彼らの意見が彼の意見と全面的に同一であると彼に告げんとしたのである。中世風の言い方をすれば、真理は二つの顔をひとつの頭巾の下に持っているということになる。これら二心あるソフィストたちは、その頭巾が事実上ドミニコ会士の頭巾だとあえて示唆しようとしたのである。

そこで彼は最後の戦いにおいて、初めて戦斧《せんぷ》を持って戦ったのである。多くの論敵との論戦においてそれまで彼が維持してきた、ほとんど人間のものとは思えぬほどの忍耐を超えるひびきが、この時の彼の言葉からは聞かれるのである。「誤謬に対するわれわれの論破を見よ。それは信仰の文書にもとづいてではなく、哲学者自らの論拠と陳述とにもとづいて行なわれているのだ。もし自分自身の仮定上の知恵を誇らしげに自慢している人がわれわれの著作に挑戦しようとのぞむならば、人目につかぬ片隅とか、困難な問題を解決する能力を持たぬ子供たちの前でその人が挑戦することは許さない。彼にそれだけの勇気があるならば、公然と解答を出してもらおう。彼は目の前に私が立ちはだかっていることを見出すだろう。否、無視しても差支えない私ばかりではなく、真理の研究にたずさわっている多くの別な人が立ちはだかっているのを。われわれは彼の誤解と戦い、彼の無知を直してやることになろう。」

「だまり牛」は今や吼えている。追いつめられてはいるが、なお恐るべく、しかも吼えたける猟犬の群の中でひときわ聳え立った牡牛のように。われわれはすでにブラバンのシゲルスとのこの論争において、なぜトマス・アクィナスは純粋に倫理的な怒りの雷を落としたのか、その理由に注目した。それは彼の生涯の全著作が、反動に対する彼の勝利を逆用した人びとによって、背後から裏切られたからであった。この瞬間における重要な点は、青春時代に苦境に立たされてたったの一度だけ激怒したのを別とすれば、これが、個人的に彼が立腹した唯一の瞬間であったということである。彼は再びたいまつを持って敵と戦ったのである。だが、彼の孤立した怒りの啓示の中ですら、もっと小さな原因のために腹を立てる人に対してつねにすすめて然るべきひとつの文句を彼は述べたのである。もしも、彼の独自な知能の、最も平静で、最も永続的な合理性を表わすものとして大理石に刻んでもよいようなひとつの言葉があるとすれば、まさしく溶けた溶岩にも比すべき激越な他の言葉とともにその言葉はそそぎ出されたのであった。もしも、トマス・アクィナスにとって歴史に残るような典型的な文句があるとすれば、それは、彼が自分自身の議論について言った「それは信仰の文書にもとづいてではなく、哲学者自らの論拠と陳述とにもとづいて行なわれているのだ」という言葉である。すべての正統派の博士たちが熟考する際に、怒れるトマスほどに理性的でありえたら。すべてのキリスト教の護教論者が、この金言を記憶し、他の文句を鋲《びょう》でとめる前に、これを壁に大文字で書いたなら。怒り心頭に発している時でも、トマス・アクィナスは他の多くの正統主義弁護者が理解していないようなことを理解しているのである。無神論者に対して君は無神論者だと言い、霊魂不滅を否定する人にはそれを否定するという悪名をきせて非難する、あるいは、相手の原理ではなくて別人の原理をもとにして相手が間違っていることを証明することによって、その論敵に自己の誤謬を強いて認めさせることができると想像する、などはすべて無益である。聖トマスの偉大な実例にならって、われわれは相手とまったく議論すべきではないか、あるいは、われわれの立場ではなしに相手の立場で議論すべきであるという原理は、今も確立しているし、つねに確立していたはずである。われわれはどのような行動が道徳的に許されるかに関する各々の見解に従って、議論のかわりにほかのことをすることがある。しかしわれわれが議論する場合には、「哲学者自らの論拠と陳述とにもとづいて」議論しなければならないのである。このことは、聖トマスの支持者でフランス王だった偉大なる聖ルイのものとされる、われにとっては真の哲学者が議論しうるごとく、不信の徒と議論するか、さもなくば「彼の身体にできるだけ深く剣を突き刺す」かしか道はない、という意味の言葉——浅薄な人びとからはファナティシズムの見本として引用される——の中に含まれる常識性である。真の哲学者なら（まったく反対の流派の人でも）、聖ルイは完全に哲学的であったという意見にまっ先に同意してくれるであろう。

かくて、その神学的戦いにおける最後の偉大な論争の危機に際して、トマス・アクィナスは彼の敵味方に対し、神学上の教訓だけではなしに、議論の仕方まで教え授けようとしたのである。だが、それは事実、彼の最後の論争であった。彼はすべての人間に存在するわけではないが、ある種の人、つまり聖人と罪人に存在する大きな論争癖を持っていた。しかしブラバンのシゲルスに対し、このように偉大な勝利の決闘を行なったあとで、彼は突然沈黙と安静とを求める欲望に圧倒されるのである。彼は本書の別のもっと適当な場所に出てくるひとりの友人にむかって、このような彼の気分に関し、妙なことをひとつ言ったのである。彼はすでに修道院の境内の非常に質素な生活に戻っていた。そして永遠の隠遁以外には何も求めるところがないように見えた。その時、外交やら論争のための使命をさらに帯びて出発するようにとの要請が教皇から来た。彼はそれに従う準備をした。だが、旅路を遠く行かないうちに、彼は死んだ。

四　マニ教徒に関する観想

聖トマスにはその外面ばかりでなく、その内面までも稲妻の閃きのように照らし出して見せるさりげないひとつの逸話がある。というのは、それは彼をひとりの人物として、ひとりの喜劇的人物として示すとともに、彼の時代や社会的背景の特色を示し、しかも、ほんの一瞬だが、彼の精神を透視可能にしてくれるからである。それはある日、彼がいやいやながら彼の仕事――否、彼の遊戯と言ったほうがいいかもしれない――から引き離された時に起こった小さな事件である。というのは、仕事も遊戯も、彼にとっては、考えるという月並みではない趣味の中に見出されるのであるから。思考というものは、ある人にとってただの飲酒よりも陶酔させる力を持っている。彼は王侯の宮廷へのたび重なる社交的招待をそれまで辞退していた。それは彼がつき合いがわるかったからではない。彼はそういう人間では決してなかったのである。彼が辞退していたのは、彼の生活を占めていた解説や議論のまことに莫大な計画でもって、いつも心の中が燃えていたからである。ところがある時、彼は偉大なる聖ルイという名で、より多く知られているフランス王ルイ九世の王宮に招待されたのである。理由はよくわからないが、ドミニコ会の当局は彼にそれを受諾するよう命じたのである。彼は眠っている時ですら、いやそれどころか絶え間ない思索の恍惚境の中にいる時ですら、従順な托鉢修道士であったので、早速、当局の意志に従った。

伝統的な聖人伝の行き方に対して、どの聖人でもみんな同じ人物に見せてしまう傾向があるではないか、という非難が行なわれている。しかるに、事実、聖人ほど相互に異なる人間はいない。その点では殺人者すら及ばないのである。聖性にもとづく本質的要素を仮定したとして、聖トマスと聖ルイほどに完全な対照をなしている人物はほとんどないであろう。聖ルイは生まれながらにして騎士であり、王だった。しかし、彼は勇気や活動性と結びついた素朴さのため、どんな公式の義務や職務をもただちにすばやく成就することを、当然であり、かつ、ある意味で容易と感ずる種類の人間であった。彼は神聖さと健康とがうちに争い合うことのない人間で、しかもそれら二つのものは活動する成果を生んだのである。彼は多くを理論化する意味で多くを思索することを特に好まなかった。だが、理論においてすら、稀れに見る真の実際家が思索しなければならぬ時に示す種類の落ち着きを示したのである。彼は決して間違ったことは言わなかった。彼は本能的に正統派だったのである。王は哲学者で、哲学者は王、という古い異教の諺には、キリスト教だけが明らかにすることのできるひとつの神秘と結びついたある種の見込みちがいがある。というのは王が聖人になりたいと切にのぞむことはありえても、聖人が王になりたいと切望することはありえないからである。善良な人が四六時中偉大なる君主になることを夢みるなどということはまずあるまい。しかし教会は寛大であるから、偉大な君主が善良な人間になることを夢みることを禁じたりはしない。だが、ルイは自分の陸軍の中に身をおいた場合、大尉であろうが軍曹であろうが、その他どのような階級であろうが気にとめないのと同様、王であることも特に気にとめないような率直な軍人タイプの人間だった。さて、聖トマスのような人は、明らかに王になることを嫌うであろうし、王者の華々しさや政争に巻き込まれることも嫌うであろう。彼が謙虚であったことももちろんのことながら、心広く、かつ、時間にめぐまれた学識ある人種特有の、一種の無意識的気むずかしさ、無益な行為への嫌悪の情が、宮廷生活のわずらわしさと接触することを彼に控えさせたのであろう。彼はまた生涯政治から離れていたいと切望していた。そしてその瞬間においては、パリの王の権力ほどにめざましく、かつある意味では魅力的な政治的象徴はなかった。

当時のパリは、まさしくアウロラ・ボレアリス、つまり「北方の日の出」であった。ローマに最も近い国々は、異教や悲観主義や東洋の影響――そのうちでも一番立派なのがマホメットの影響であるが――によって腐敗していたことをわれわれは理解しなければならない。プロヴァンスや南の地方一帯は虚無主義、もしくは否定的神秘主義に由来する熱情でいっぱいだった。しかも北フランスからはその非キリスト教的なものを一掃する剣と槍とがすでに出現してきた。また北フランスには剣や槍のように輝く壮麗な建築、つまりゴシックの最初の尖塔が現われた。現在われわれは灰色のゴシック建築という言い方をする。しかし、それらが北方の空に白く輝きながら聳えた時には、今とは非常にちがったものであったに相違ない。それはところどころ黄金や光り輝く色彩できわだっており、空を飛ぶ船があるとすれば、それと同じほどに驚くべき、空を飛ぶ新たな建造物といった風情であったにちがいない。結局、聖ルイがあとに残して行った新しいパリは、百合の花のように白く、いにしえのフランスの赤色王旗のように輝いていたにちがいない。それは偉大な新しいもの、つまり、トマスの出身地における教皇と皇帝との古くからの争いを、いわば、貫き通し、圧倒し去らんとするかのフランス国家の始まりであった。だが、トマスはしぶしぶやってきた。彼のような善意の人についてもそのように言うことが許されるのなら、その時彼は機嫌がよくなかった。彼がパリに入った時、人びとは丘の上から建ったばかりの新しい尖塔の壮麗さを彼に示し、そのうちの誰かが、「これを皆所有できたらどんなにすばらしいことだろう」というようなことを言った。するとトマスは、「私はまだ手に入れることのできないクリュソストムスの手写本のほうが欲しい」とつぶやいただけだった。

ともかく彼らは、その気のすすまない様子で考え事に耽っている大男を王宮の宴席へと導いた。われわれが知っているかぎりでは、トマスは、話しかけてくる人には申し分なく礼儀正しかったということである。しかし彼はほとんど口はきかなかった。やがて、彼は、世にも派手やかで騒然たる物音――フランス人のおしゃべり――のただ中で忘れられてしまった。そこでフランス人たちが何を話していたのかわれわれにはわからない。だが、彼らはまん中にいる大きな太ったイタリア人のことはすっかり忘れていた。彼のほうでも彼らのことをすっかり忘れていた可能性はきわめて強い。フランス人の会話でも急に沈黙がやってくることがよくあるものである。こういった沈黙が訪れた時、それを破る事件が起きた。服喪の際の服装のように黒白の修道服を身にまとうたこの巨大な人物は長いこと無言のままで身動きひとつしていなかった。その修道服は彼が道路から入ってきたばかりの托鉢修道士であるという感じを際立たせており、騎士道と紋章学の最初の黎明期特有の色彩や模様や紋章の組み合わせ方とは対照的であった。三角の楯、三角の旗、先のとがった槍、十字軍の三角形の剣、先のとがった窓、円錐形の頭巾などは、あらゆる意味で核心にふれる新しいフランスの中世的精神を至るところで示していた。しかし、上衣の色は派手でさまざまであったが、その豪華さには非難すべき要素は少なかった。というのは、核心にふれたことをいうのが得意だった聖ルイは廷臣たちにはこう言っていた。「虚栄心は避けねばならぬ。しかし誰もが妻の愛をそれだけますます容易にかちえられる程度に身分相応の服装をしていなければならぬ。」

するとその時、突然食卓の上で酒盃が飛び、がちゃがちゃと騒がしい音がして大食卓が揺れた。聖トマスが石の棒のような巨大な拳を打ちおろし、皆を驚かす爆発に似た衝撃を与えたからである。聖トマスは力強い声で、しかも夢を見ている人のように言った。「これでマニ教徒どもを片づけられるぞ。」

王の宮廷というものは、たとえ王が聖人である場合すら、それ独得の慣習を持っている。ショックの金切声が宮中を走った。そのイタリア出身の太った托鉢修道士がルイ王に皿でも投げつけたか、なぐりつけて王冠をすべらせてしまったかのように一同は感じたのである。彼らは一千年もの間、カペー王朝の王座であった畏怖すべき御座をおずおずと眺めた。多くの廷臣たちはたぶん、この大きな黒修道服の乞食を窓からたたき出す準備をしたであろう。聖ルイは、一見単純そうであったが、単なる中世的な名誉の泉でも、いわんや慈悲の泉でもなく、フランス流の皮肉と礼儀正しさ、という二つの永遠の流れの源泉であった。彼はすぐさま秘書たちのほうを向いて、茫然として考えに耽っているその論争家の席まで書き板を持って行って、彼の頭脳に浮かんだ議論をすぐさまノートするように、低い声で命じた。なぜなら、それはすばらしい議論にちがいなかったし、彼がそれを忘れる可能性もあったからである。すでに述べたように、最初に、私はこの逸話を考えていた。この逸話はひとりの偉大な中世人、否、二人の偉大な中世人を最も生き生きと描き出してくれるからである。また、この話はその人の主要な関心事を瞥見させてくれるという理由で、そしてまた、哲学的な盗み聞きによってか、心理の鍵穴を通じてか、いずれにせよ、こんなふうに不意打ちをくわせられた時には、彼の思考の中に発見できたであろう種類のものを瞥見させてくれるという理由で、ひとつの典型とか転回点とかと特に考えられて然るべき話である。彼が聖ルイの白い宮廷の中ですらマニ教徒の黒い雲についてなお思いに耽っていたのは、無駄ではなかったのである。

本書はひとりの人物の素描を意図しているにすぎない。しかし本書は少なくとものちほど、方法とか意義とか、わが国のジャーナリズムがいやな呼び方でメッセージと称しているものに、軽くふれねばならない。不十分な数ページが彼の神学と哲学との関連において彼のためにさかれねばならないのである。しかし私がここで話したいと思っているのは、彼の哲学よりいっそう一般的であると同時に、より個人的な事柄でもある。そこで私は、彼の哲学についての専門的な談議らしきものに至る前に、ここでそれを紹介したのである。それは、その代わりに彼の道徳的態度、あるいは気質的傾向、または社会的、人間的な結果がかかわっている限りで人生の目的と呼んで然るべきものであった。というのは彼は、人生にはひとつの目的しかない、そしてそれは現世の生命を越えるものであるということを、われわれの大方のものより、よく知っていたからである。彼の神学的、理論的な定義はさておき、彼が世界のためにのぞんだところ、そして歴史上における彼の事業であったところのものを、絵のような単純化した仕方で述べたいとわれわれがのぞむならば、それは現実に一撃を加えて、マニ教徒を片づけてしまうことであったと言って差支えあるまい。

この事の完全な意味は神学史を研究しない人にはよくわからないかもしれない。しかもそれを研究する人にはおそらく余計にわからないであろう。実際、それは歴史にとっても神学にとっても同等に筋違いと見られるかもしれない。歴史上、聖ドミニコとシモン・ド・モンフォールは二人の間でマニ教徒問題をかなりよく解決していたのである。もちろん神学上アクィナスのような百科全書的な博士は、マニ教的異端以外のたくさんの異端をも処理したのである。それにもかかわらず、そのことは彼の主たる立場とキリスト教の歴史全体に彼が与えた方向とを示している。

他の章に比べて扱う範囲がずっと漠然たるように見えるかもしれないが、本章をさしはさむのは適切であると私は考える。なぜなら聖トマスとその信条について一種の大間違いが世に存在するからである。その大間違いが彼とその信条とを理解し始める場合に大方の近代人にとって障害となっている。それは大ざっぱに言って次のような次第である。聖トマスは他の修道士、特に他の聖人たちと同様に、放棄と厳律の生活を送ったのである。たとえば彼が守った大斎なるものは、自分がのぞみさえすれば送ることのできた贅沢な生活とははっきりした対照をなしている。この要素は、本能の力に対して意志力を主張し、その苦しみを一部分共有することによって贖い主に感謝し、布教者、殉教者、あるいはそれに類似した理想を実現するために人を準備させる方法として彼の宗教において高い地位を占めている。こういうことは彼の属する教派、つまりカトリックを除くと西欧の近代工業社会においてはめったに起きない事柄である。そのためにそれは彼の教派のすべてだと思いこまれている。というのは、市の参事会員が四十日間大斎を守ったり、政治家がトラピスト修道会士のような沈黙の誓いをたてたり、街の男が厳格な独身生活をしたりするのは異常であるから、一般の外部の人は、カトリシズムは禁欲主義以外の何ものでもないばかりか、禁欲主義は厭世主義以外の何ものでもないというふうに思い込んでいる。外部の人はカトリック教徒がこの英雄的美徳をなぜ尊重しているのか、親切にもカトリック教徒にむかって説明し、さらにその美徳の背後にある哲学は、自然と結びついたすべてを東洋風に憎悪し、「生存の意志」と結びついたすべてに対してショペンハウアー流に嫌悪する哲学である、というふうに指摘しようとするのである。聖アウグスティヌスについて書いたレベッカ・ウェスト女史〔イギリスの小説家、評論家。一八九二—一九八三〕の書物に対する「高級」な書評の中に、カトリック教会は性を罪の性質を持ったものとみなしているというあきれた陳述があるのを私は読んだ。もし性が罪であるならば、どうして婚姻は秘跡でありうるのか。また、なぜ、出産に賛成するのがカトリックで、産児制限に賛成するのがカトリックの敵なのか。私は批評家にこの問題を何とか解決してもらいたいと思う。私の関心は議論のその部分ではなく、他のところにある。

権威ある教会の中に禁欲的理想を見るけれども、ブリクストンやブライトンのカトリック以外の大半の住民の中にはその理想を見ないという理由で、普通の近代的批評家は、「これは権威が生み出したものだ。権威のない宗教を持つほうがよい」と言いたがる。しかし、事実、ブリクストンやブライトンの外側での広い経験があれば、それが間違っていることを明らかにできるであろう。長く大斎を守る市の参事会員とか、トラピスト会士の政治家を見ることは困難である。しかし、釣針やかぎ針で空中に吊るされている修道女たちを見ることはそれよりもなおいっそう困難であろう。「カトリック真理普及協会」の弁士がハイド・パークで演説をする前に、身体中をナイフで傷だらけにするなど、普通にあることではない。普通の司祭館を訪問する客人が、床に横たわっている教区の主任司祭が、霊的な射禱を唱えながら、胸の上に火をもやし、身を焼きこがしているところを見かけるなど、まずありえないことであろう。しかし、こういったことは、たとえば宗教の偉大な衝動にもとづいてのみ行動する自発的な熱狂者によってアジア一帯において行なわれている。彼らの場合、宗教は普通、何らかの直接の権威によって課せられるものではないし、教会という特定の権威によって課せられるものでもない。簡単に言えば、人類についてのほんとうの知識がすべての人に告げるところによれば、宗教は恐ろしいもので、真に燃えさかる火である。しかも権威というものは、宗教を押しつけるのと同じ程度に、それを制限するためにも必要とされている。禁欲主義、すなわち欲望との闘いはそれ自体ひとつの欲望である。それは人間の不思議な野心の間から決して取り除きえないものである。しかしそれはある合理的抑制の下に保つことができるものである。それは異教的、清教徒的無秩序におけるよりは、カトリック的権威の下ではるかに正常な割合で満足される。一方、この理想の全体は、それが理解される時には、カトリックの理想主義の本質的部分であるのだが、それ自体はある意味でまったく枝葉末節の問題なのである。それはカトリック哲学の基本的原理ではない。それはカトリックの倫理から特別に引き出されたものにすぎない。そしてわれわれが基本的な哲学について語り始める時、大斎を守っている修道士と自分の身体を釣針の先にぶら下げている異教の行者との間には、まったくの完全な食いちがいがあるのに気づくのである。

さて、カトリック哲学の第一義的にして基本的な部分が、実は生の賛美、存在の賛美、世界の創造主としての神の賛美であるということを理解しない人は、誰も最初からトマス哲学、言いかえれば、カトリック哲学を理解することはできない。その他のことはずっとそのあとからやって来るのである。人類の堕落とか英雄の召し出しとかいったさまざまな複雑な話によって制限されてはいるけれども。さて、困難が生じるのは、カトリックの精神が二つの面、つまり、創造と堕落との二面の上を動くからである。たとえば、最も身近かな類似として侵入を受けたイギリスというものを仮定してみよう。敵がケントに上陸したとすれば、ケントには厳重な戒厳令が敷かれることになるであろうが、ヘリファドにはそれに比較して自由が残るであろう。しかし、このことによって、イギリスの愛国者のヘリファドないしケントに対する愛情は変わらないであろう。また、ケントにおける戦略的警戒によって、ケントへの愛が損なわれることもないであろう。というのは、イギリスに対する愛は、規律によって贖われる部分への愛と、自由の中で楽しむことのできる部分への愛と、二つながらに残存することになろう。カトリックの禁欲主義の極端さは、人類の堕落に由来する禍いに対抗するための、賢明な、あるいは愚かしい警戒なのである。だが、決してそれは神の創造の善さに対する懐疑ではない。この点においてこそ、カトリックの禁欲は、釣針で自分を吊るす紳士の非常に極端な奇癖と相違するだけでなく、彼がぶら下がっている釣針、つまりその宇宙論全体とも相違しているのである。多くの東洋の宗教の場合には、禁欲主義が厭世主義であるのは真実である。禁欲者は生命に対する抽象的憎悪から自らを苦しめて死に至らしめる。彼は当然そうすべきであるごとく、自然を抑制しようとするばかりではなく、できるだけ自然に反対しようとするのである。そしてアジアの何億万という宗教人口の中で、それは釣針よりももっと穏健な形をとってはいるけれども、生命を否定するドグマがかくも大規模にわたって第一原理として現実を支配していることは、あまりにも認識されることの少なすぎる事実である。このドグマがとったひとつの歴史的形態はその初めからキリスト教の大敵だった。マニ教徒がそれだったのである。

マニ教と呼ばれているものは、これまで多くの形態をとってきた。それは事実、非常に奇妙な種類の不滅の可能性でもって、不滅にして不変なるものを攻撃してきた。それは自分を蛇や雲に変えてしまう魔法使いの伝説のようなものである。その全体が、マニ教の神秘の発祥地たるアジアの形而上学や道徳の多くに属するあの名づけにくい無責任の調子を持っている。だが、それはつねに何らかの意味で、自然は悪である、あるいは少なくとも悪は自然に根ざしているという考えである。その本質的な部分は、悪は自然の中に根を持っているが、まさにそのように、自然の中に権利をも持っているという考えである。邪は正と同じように存在する権利を持っている。すでに述べたように、この考えは多くの形態をとったのである。時にはそれは悪を善と同等な仲間とする二元論であった。そのため、何れの側を侵入者と呼ぶこともできなかった。それよりも多くの場合、悪魔が物質的世界をつくったのだ、もし善い霊があるとすれば、それはただ霊的世界とのみかかわるものだ、というのがマニ教のおよその理念だったのである。のちにマニ教はカルヴィニズムという形をとった。それは神が実際に世界を創ったが、特別な意味で善と同様に悪を創り、悪しき世界と同様に悪しき意志をも創ったと考えたのである。この意見に従えば、もし人が、自分の霊魂を生きたまま地獄に堕とす道を選ぶなら、彼は神の意志に逆らっているのではなく、むしろ実現していることになる。初期のグノーシス派と後代のカルヴィニズムと、これら二つの形態の中に、われわれはマニ教とは外面上違って見えても、実はマニ教と同一のものを見るのである。古代のマニ教徒は、通常神のみ業に帰せられている創造の業を始めたのはすべてサタンだと教えたのである。新しいカルヴィニストたちは、普通はサタンの仕業とされているところの、地獄へ堕とすということを始めたのは神だと教えたのである。前者は悪魔が神のように振舞った最初の日をふりかえり、後者は、神が悪魔のように行動する最後の日を待ちあぐねていたのである。だが、両者とも、悪魔という名であれ、神という名であれ、世界の創始者は第一義的には悪の創造主だという考えを持っていた。

　われわれがすぐあとで述べるように、近代人の中にはたいへんに多くのマニ教徒がいるので、このような見解に賛成する人、とまどう人、なぜ反対しなければならぬのかという点でだけとまどう人、などさまざまであろう。中世の論争を理解するためには、中世のものであると同時に近代のものでもあるカトリックの教義について一言しなければなるまい。「神はすべてのものを見、それらをよしとし給えり」（創世記、一・三一）という聖書の句は、一般の厭世家がついて行けない微妙さを含んでいるし、また彼らはそれに気づくにはせっかちにすぎるのである。それは物の濫用ということはあっても、本来悪いものは存在しないという意味の命題である。いうなれば悪いものなどはなく、あるのは悪い考えのみ、特に悪い意図のみということになる。地獄は善き意図をもって舗装されていると信じることができるのはただカルヴィニストだけである。地獄は厳密に言って、善意をもって舗装することのできぬ唯一のものである。しかし善いものについて悪い意図を持つことはできる。そして世界や肉体と同様に、善いものは悪魔と呼ばれる悪い意図によってねじまげられたのである。しかし悪魔は物を悪くすることはできない。物は創造の第一日のままである。神のみ業、つまり物質的《マテリアル》な世界の創造だけが物質的だと言える。地獄の業は完全に精神的だといえる。

このような誤謬は当時多くの形態をとっていた。しかもほとんどすべての誤謬と同じように、特に二つの形態をとっていた。ひとつは教会の外にあって教会を攻撃する、より強烈な形態と、もうひとつは教会内部にあってそれを堕落させる、より隠微な形態であった。教会がこの侵略と謀反の間に引き裂かれなかった時期は一度もない。たとえばヴィクトリア時代もまたそういう時代であったのだ。ダーウィン主義でいうところの、商業と種族間の葛藤上の「競走」は、二十世紀のボルシェヴィストの無神論運動とあらゆる点で同じくらい鉄面皮な、十九世紀の無神論的攻撃だったのである。野蛮な繁栄を誇ること、詭計によって小麦を買い占めた最も手の汚れた百万長者を賞賛すること、「不適者」について語ること――（いったい何に適さないと言うのだ――自分の文章すら完成できないのだから、何でも不適だといって抹消しようとする科学的思想家の口真似をして）――こういったことはすべて、黒ミサ同然に、はっきりとしかも公然と反キリスト教的なのである。だが、脆弱で世俗的なカトリック教徒たちは、社会主義に対する初期の、むしろ無力であった抵抗のさいに、資本主義防衛のためにこの流行語を使ったのである。少なくとも彼らは労働者の権利についてのあの偉大な教皇の回勅が出て彼らのたわ言をだまらせるまで、この流行語を使いつづけた。悪というものはつねに教会の内と外にある。しかし外側にあるものは狂暴な形態で、内側にあるものは穏健な形態である。十七世紀にも事情は同じで、外側にはカルヴィニズム、内側にはヤンセニズムがあったのである。十三世紀においても事情は同じで、外側からの明白な危険がアルビ派の革命の中に存在し、内側の潜在する危険はアウグスティヌス学派の伝統主義そのものの中にあったのである。なぜなら、アウグスティヌス学派はアウグスティヌスからのみ派生したのであるが、そのアウグスティヌスは部分的にプラトンから学んでおり、そのプラトンは正しくあったとはいえ、完全に正しいとは言えなかったからである。もしひとつの線がある一点に向かって完全に伸びて行かない場合には、その点に近づくにつれて実際にはその点から遠ざかる。これが数学的事実である。一千年にもわたってその線が伸びてしまったので、プラトン哲学の誤算はマニ教に非常に近づくことになっていたのである。

民衆の誤謬はほとんどつねに正しい。彼らはほとんどつねに、ある究極的な真実性に言及する。その点について、彼らを正す人のほうが間違っているのである。「プラトニック・ラヴ」という言葉が、学問のない人にとって、それが学者に対して意味する場合よりも、何かもっと純粋で清潔なものを意味するようになったのはたいへん奇妙なことである。だが、ギリシア人の大いなる悪徳を理解している人たちすら、あの錯倒が間違った種類の純潔に由来していることを当然理解するであろう。さて、純潔を不妊と同一視したことこそマニ教徒の最も奥深い誤謬であった。それは自然的なものであれ、超自然的なものであれ、純潔を多産と同一視した聖トマスの言葉とこのうえない対照をなしているのである。そして私の言った通り、まことに奇妙なことだが、サムとスーザンの関係は「まったくプラトニック」だと俗に言う場合に、今なお一種の真実性があるのである。ギリシアの一部に存在していた錯倒とは別に、プラトンには、人間は肉体を持っていないほうがよい、絵に描いた智天使たちのように、人間の頭は地上を飛びたって空中で純粋に知的な結婚をするために出会うのだ、というような一種の考えがあるのである。この「プラトニック」な哲学の終局面は、あわれむべきD・H・ロレンスを激怒させ、たわ言を語るに至らせたのである。ロレンスは、結婚についてのカトリックの教義が、彼の述べたこと——たわ言は別として——の多くと同じであることにおそらく気づいてはいなかった。ともかく「プラトニック・ラヴ」なるものが、初期の神学者の理論の中で、人の愛をも神の愛をも二つながら幾分かずつゆがめてしまっていたことを理解することは歴史的に重要である。アルビ派の不妊の教義を憤って否定する多くの中世人は、それでもなお絶望的に肉体を放棄しようという感情的な気分に捉われていたのである。彼らのあるものは絶望的にすべてのものを放棄しようとしていた。

実のところ、このような態度は、自分たちが「信経とドグマ」と呼んでいるところに自ら反する人たちの偏狭な愚かしさをありありと示していることになる。まさしく信経とドグマこそは、世界の健全さを救ったものである。これらの人びとは一般に直観と感情の宗教をそれらの代わりに持ち出すのである。もし真の暗黒時代に、感情の宗教があったと仮定するならば、それはどす黒い自殺の感情の宗教であったであろう。実に厳しい信経こそは自殺したいという感情がこみ上げてくるのに抵抗したのである。禁欲主義の批判者たちが、多くのヨーロッパの隠修士は東洋の行者そっくりの感じ方をしていたと考えているのはたぶん正しかったであろう。しかしヨーロッパの隠修士は東洋の行者のように考えることは実際にはできなかったのである。彼らは正統的なカトリック教徒であったからである。そして彼らの思考を、つねに、より健康でより人間的な思想につないでいたのは、まさしくドグマそのものだけであった。彼は善なる神が正常で自然な世界を創造したことを否定することはできなかった。彼は悪魔が世界をつくったとも言えなかった。マニ教徒ではなかったからである。多くの人が砂漠や修道院に殺到した時代にあって、独身生活を求めた何千何万の熱狂家たちは、もし彼らが現代風に個人個人の理想を考え、また結婚についての彼らの当面の感情を考えたと仮定すれば、結婚は罪だと言ったかもしれない。幸運にも彼らは、結婚は罪ではないと断言した教会の権威を受け入れねばならなかったのである。現代風の感情的な宗教であったら、いつでもカトリシズムをマニ教に変えてしまったかもしれない。しかし、宗教が人びとを狂気にしたであろう時に、神学は彼らを正気にしていてくれたのである。

こういう意味で、人びとの多くがまだまったくの破滅の気分の中にあった時、彼らに天地創造の信経を思い起こさせた聖トマスは、純粋に偉大な正統神学者として立っているのであるこの中心的な事実、つまり中世人は中世的であることについて関心を持たず、メランコリーだという理由で、気分のもつ権威を受け入れなかったけれども、気分とは異なる正統思想については大いに関心を持った事実を理解しようとしないならば、単なる厭世主義に聞こえるであろうたくさんの中世の文章を引用してみても、中世精神の批判者にとって何にもならないのである。創造主とその創造の喜びとをほめたたえることは、どんな雰囲気に包まれた厭世観よりもなお正統的であるということを聖トマスは証明することができたので、彼はその真理を試金石として受け入れる教会と世界とを支配したのである。しかし、この巨大な非個人的な重要性が考慮される時には、個人的な要素が同じように存在したことにもわれわれは同意できる。偉大な宗教の教師たちの大半がそうであるように、彼は神が彼に与えた仕事に個人的に適合していたのである。われわれはもし差支えなければその才能を本能的なものと呼ぶことができる。一歩ゆずってそれを気質的と呼んでもよい。

中世紀の哲学者を誰にもわかるように説明しようとするものは誰でもが、非常に近代的で非常に非哲学的な言葉を使用しなければならない。これは近代性に対する冷笑ではない。近代人が実際の態度や立場よりも、雰囲気のほうをもっと多く取り扱う、広範囲だが曖昧な語彙を発達させたのは、近代人が、特に芸術において気分や情緒を大いに扱ったことからきている。他のところでも述べた通り、近代の哲学者は真理に個人的な色彩をつけ、さまざまな色眼鏡で生全体を見るという点で、近代の詩人によく似ているのである。ショペンハウアーはブルー（憂うつ病）にかかっていたとか、ウィリアム・ジェイムズ〔アメリカ合衆国の哲学者、心理学者。一八四二―一九一〇〕はどちらかと言えばバラ色の見通しを持っていたと言えば、前者を厭世家、後者をプラグマティストと呼ぶよりも、含みを持たせることができる。近代人は過大評価するけれども、このような近代の気分好みにはそれなりの価値を持っている。ちょうど中世の後期に過大評価されたけれども、中世の論理学がなおその価値を持っていたのに似ている。中世人を近代人に説明するにはわれわれはこのような気分を表わす近代的な語をしばしば用いねばならぬというのが重要な点である。この点を留意しないと、このようなすべての中世紀の人物についての偏見や無知のため、その性格が見失われてしまう。さて大いなる光のような感じで、聖トマスの著作のうえ一面にただよっているものがある。それは何かまったく基本的な、たぶん彼自身も気づかない事柄である。それを彼自身もたぶん場ちがいの個人的なものとして無視してしまったであろう。それはむしろ安っぽいジャーナリスティックな、トマスならおそらく無意味だと考えたであろう用語によってのみ現在では表現可能なものである。

そういう雰囲気を表現するに唯ひとつ役に立つ言葉を持ち出すなら、それは楽観論という言葉である。この言葉は二十世紀においては、十九世紀よりも堕落した使い方になっていることを私は知っている。人びとは最近戦争問題について楽観論者であるなどという言い方をするのである。彼らは現在通商の復活について楽観論者だなどというのである。彼らは将来は「国際卓球トーナメント」について楽観論者であるなどというであろう。しかしヴィクトリア朝の人びとが、ブラウニング〔イギリスの詩人。一八〇六―六一〕やスティヴンソン〔イギリス(スコットランド)の小説家、随筆家。一八五〇―九四〕やウォルト・ホイットマンについて楽観論者という言葉を用いた時には、彼らは少しばかりそれを越えるものを意味していたのである。これらの人たちの場合よりもずっと広く輝かしい意味で、その言葉は基本的に聖トマスにあてはまるのである。彼は非常に堅固で巨大な確信をもって、生に対し、また、たとえばスティヴンソンが「人生の生き甲斐の大原理」と呼んだようなものに対して、信頼の念をいだいていた。そのことは「存在」の現実性に関する彼の最初の言葉の中にともかくも息吹いている。もし病的なルネサンスの知識人が「生か、死か、そいつが疑問だ」(福田恆存訳)と言うと仮定するなら、このがっしりした体格の中世の教会博士は雷鳴のごとき大音声で、「生。それが解答だ」とはっきり答えるであろう。

この点は重要である。多くの人は当然のことながらルネサンスを目してある種の人びとが生を信頼し始めた時期であると言う。だが、事実を言えば、それは少数の人びとが初めて生を疑い始めた時期だったのである。中世人は生に対する普遍的な人間の渇望と熱情に対して、多くの制限、そしていくつかの極端な制限をもうけた。これらの制限はしばしば狂信的で過激な言葉、偉大な自然の力に抵抗する人びとの言葉、生きたいと思う人の力に抵抗する人びとの言葉で表現されていた。現代思想が始まるまでは人びとは死にたいと思う人間と戦う必要は決してなかったのである。そういう恐怖はアジアのアルビ派（マニ教）の教義の中ですでに人びとをおびやかしていた。しかし、それは今までは人びとにとって決して日常茶飯のことにはならなかった。

しかしこの事実はわれわれがキリスト教哲学者のうち最も偉大なこの人を、彼と同等か、彼の競争者になりえた最上の人びとと比較する時、非常に明らかとなる。彼らに対してトマスは直接議論したことはなかった。トマスは彼らの大半のものに会ったことがないし、そのうちのあるものについては一度も聞いたことがなかった。プラトンとアウグスティヌスとは、彼がボナヴェントゥーラやアヴェロイスからと同じように意見を徴することのできるただ二人の人物であった。しかしわれわれは彼の本当の競争者をほかに捜さなければならないのである。つまりカトリック的な理論に関する唯一の真の競争者である。彼らは偉大な異教の体系の首長であって、そのあるものは仏陀のように非常に昔の人であり、あるものはニーチェのように非常に近代の人である。このように大いなる宇宙的背景をバックにして彼の巨大な姿を見る時、われわれは第一に彼が唯一の楽天的な哲学者であることを、そして第二にカトリシズムが唯一の楽天的な神学であることを理解できるのである。神学を水でうすめたものや、信経をそれと矛盾するものと混合したものからは、もっと甘口で口あたりのいいものがつくり出されるかもしれない。しかし首尾一貫した宇宙的信経の中では、カトリシズムこそ完全に生命の側に立つ唯一の信経なのである。

実際に比較宗教学は諸宗教を比較し、対照することをわれわれに許した。この学問は五十年前にすべての宗教はほぼ同一であることを証明することで出発した。そして二者択一的に、すべての宗教は同等に価値があるし、また同等に無価値であることを一般に証明した。その後、この科学的な過程は突然科学的になり始め、丘の高さと同じく谷の深さも発見した。真剣に宗教的な人たちがお互いに尊敬しあうのは実にすばらしい進歩である。だが、軽蔑が無関心のみを知っていたのに反し、尊敬は相違を発見したのである。われわれが人生に対する仏陀の崇高な反発や放棄を直に理解すればするほど、われわれはそれがキリストによる世界の救済とは知的に正反対であり、ほとんど対立的なものであることがわかるようになる。キリスト教徒は世界を逃れて宇宙に入るのであるが、仏教徒は世界からというよりはむしろ宇宙から逃れることを願うのである。後者は自らを破壊しようとするのだが、前者は自らの創造、自らの創造主へと帰ろうとするのである。実際、それは生命の木としての十字架の理念には純粋に正反対であったから、同様に重要なものであるかのように、二つの宗教を並べ立てるのには若干の弁明がいるのである。ある意味でこの二つの宗教は、小山と窪地、谷と丘というふうに、相似物であり対等物である。かの崇高な絶望は、ある意味で、かの神聖な大胆さにとって代わるべき唯一のものである。真に霊的で知的な人がその絶望を目して一種のジレンマで非常に困難で恐ろしい選択であると見るのは事実である。完全性を求めるもので、これら二つのものに比べられるものはほかに地上にはほとんどない。そしてキリストの山に登らないものは、仏陀の深淵に落ちるのである。

これと同じことが、これほど明瞭で威厳のあるあり方ではないが、異教的人種がそれに代えて選ぶ他の大半のものにあてはまる。それらはほとんどすべて、古代人のすべてが知っていた循環の渦巻の中に吸いこまれて行く。ほとんどすべては回帰という唯一の理念に帰って行くのである。これは、仏陀が「悲しみの車輪」という暗い呼び方をしたものなのである。仏陀が「悲しみの車輪」と呼んだこの種の循環を、あわれにもニーチェは実際に苦労して「喜ばしき知恵」と述べることにしたのである。単なる繰り返しが、彼の「喜ばしき知恵」の理念ならば、「悲しき知恵」の理念はいかなるものか知りたいという好奇心にかられる。事実、ニーチェの場合、こういうことを言ったのは、彼の脱出の瞬間ではなしに、破滅の瞬間であった。それは彼の発狂寸前の晩年にやってきた。それは実際、奔放な自由、もしくは新鮮で創造的な革新に満ち充ちていた彼の若くめざましかったころの霊感とはまさしく正反対なのである。少なくとも一度は彼は脱出しようと試みたのだが、彼もまた車輪にかかってつぶされてしまったにすぎない。

地上のすべての車輪や渦から解放され、昂然として、しかも東洋の形而上学や異教の豪華さ、華麗さにまさるものを背負い、均衡をとって、地上にただひとり聖トマスの信仰は聳え立っている。しかも、ただひとり活気を帯びて生き生きと宣言している。生は大いなる初めと大いなる終わりとをもった生きた歴史であり、神に対する原始的な喜びに根ざし、人間の究極の幸福の中に結実し、神の子たちが喜び叫ぶ合唱とともに始まり、「主の喜びは人の子らとともにあればなり」という古風な舞踊のように動く古き言葉において影のように示される、かの神秘な同志愛に終わるのである、と。

素描としての本書は、哲学については単なる素描にすぎず、神学については、少しか、あるいはむしろまったく何も書かない、そして聖性の問題については、おとなしく口をつぐんでいる以上には何もできない、という運命をたどらざるをえない。にもかかわらず、本書の中では哲学は神学に依存し、神学は聖性に依存するというのが、この小さな書物で繰り返される主旨であり、また幾分単調ではあるが、本書が帰って行かねばならないところの主旨である。換言すれば、第一章で強調された最初の事実、つまり、このような偉大な知的創造はキリスト教的にしてカトリック的な創造であって、他のものとしては理解されえないということを本書は繰り返さねばならないのである。アリストテレスはアクィナスに洗礼を授けえなかったが、アクィナスはアリストテレスに洗礼を授けたのである。偉大な異教徒を死者の国から甦えらせたのは純粋にキリスト教的な奇跡であった。そしてこのことは（聖トマス自身もいうように）三つの方法で証明できる。本書の一種のまとめとして、これを要約するのは適切であろう。

第一に、そのことは、聖トマスの生涯中、当時正統でないように見えた非常に多くのことを彼の巨大で堅固な正統思想のみが支持しえたという事実によって証明されている。愛徳は多くの罪を掩う。この意味で正統思想は多くの異端、あるいはあわてて異端と誤解されたものをも掩うのである。それはまさしく彼特有のカトリシズムには、非常に説得力があったからで、その結果、彼特有のものではないアリストテレス哲学のほうも証拠不十分で釈放されることになったからである。彼に火刑の薪の匂いがしないのは、彼が炬火の匂いをもっているからである。本質的なカトリックの倫理に現実に襲いかかるものに対して彼がたちまち本能的につかみあげたあの炬火の匂いである。皮肉の典型ともいうべき現代風な表現に「やつは善良すぎて何の役にも立たぬ」という言い方がある。聖トマスはあまりにも善良なのですべての役に立ったのである。また彼の保証は、終わりには空しいものの崇拝に終わる、途方もない、思い切った思弁と他の人たちがみなしているものに対して有効だった。彼がアリストテレスに洗礼を授けたかどうかはともかく、彼は実際にアリストテレスの代父であった。彼は彼の後援者であった。彼はこの古代ギリシア人は無害であると誓った。そして全世界が彼の言を信用したのである。

第二に、そのことは、聖トマスの哲学においては、事実を——真理とは区別されたものとしての——研究することに対する新しいキリスト教的な動機にすべてがかかっていたという事実によって証明されるのである。トマス哲学は思考の最も低い根、つまり感覚とか、理性の自明の公理から出発したのである。異教の賢人は奴隷の仕事を軽蔑したように、このようなものを軽蔑したかもしれない。だが、物質主義は、異教徒にあっては単なる犬儒主義であるかもしれないが、キリスト教徒においてはキリスト教的謙遜でありうるのである。聖トマスは修道院で皿や鉢を洗うことから始めたように、喜んで物質界の事実や感覚を記録することから始めたのである。トマスのアリストテリアニズムの要点は、もし具体的事実についての常識が一種の奴隷的労役であっても、彼は「神の僕《しもべ》たちの僕」(servus servorum Dei) たることを恥じてはならないということなのである。異教徒の中では単なる懐疑論者は単なる犬儒学派になったであろう。桶の中のディオゲネスはつねにテーブルを叩いて熱弁をふるう人物の感じがした。しかし犬儒学派にあっては汚物であったものが、高められて聖人たちの間ではいわゆる「塵」や「灰」となったのである。もしその点をわれわれが見落とすならば、歴史上最大の革命の意味全部を見落とすことになる。最も物質的なもの、はては最もいやしいものから始めようとするひとつの新しい動機がそこにはあった。

第三に、聖トマスの神学において、そのことは、その神学全体、あるいは他のキリスト教神学をも支える巨大な真理によって証明される。偉大なアリストテレスも目をこらして表明したであろう敬意、そして古代の誰にも理解し始めることができないであろうような敬意をはらって感覚器官や肉体の感覚作用や一般人の諸経験を考えたことについては、新しい理由があったのである。肉体はもはやプラトンやポルフュリオス〔ギリシアの哲学者。二三二頃―三〇四頃〕やいにしえの神秘家たちが死んだものとして放棄した時のままではなかった。肉体はすでに絞首台にかけられていた。それはすでに墓から甦えっていた。すでに人間以上のものの器官となった感覚器官を霊魂が軽蔑することはもはや不可能になった。プラトンは肉体を軽蔑したかもしれないが、神は肉体を軽蔑し給わなかったのである。感覚器官は真に聖化されたのである。カトリックの洗礼でそれが順次に祝福されるように。「見ることは信じることだ」と言うのは、もはやプラトンの世界でのように単なる白痴や平常人の口にする文句ではない。それは真の信仰の真の条件と混然となっている。人間の頭脳に通信を送るこの回転鏡、頭脳にきらめくかの光——これらは神、つまりイエズス御自身に対して、ベタニア〔新約聖書に登場するエルサレム近郊の地〕への道を、あるいはエルサレムの高い岩の上の光を本当に示したのである。普通の物音のなり響く耳は、しゅろの葉を投げる群衆や十字架につけよと叫んだ群衆の声を神にひそかに伝達したのである。御託身がわれわれの文明の中心的な理念になったあとで、物質と肉体の構造とに重大な価値があるという意味で、物質主義への復帰が行なわれたのは不可避的なことであった。キリストが一たび復活したあとで、アリストテレスが復活するのも不可避的だった。

これらは堅固で客観的な哲学に対して聖人が与えた一般的支持を説明する三つの真の理由であり、きわめて十分な理由でもある。だが筆者が、本章をさしはさむことによってわずかながらも表現しようとした、これとは別の非常に巨大で漠然たるものがさらにある。卑俗に堕する、もしくは近代主義者たちが誤って卑俗と考えているところに堕する——約言すれば、宗教そのものから宗教性へ移行する——恐ろしい危険を冒すことなしに、これを十分に表現することはむずかしい。だが、アクィナスの一般的気質や調子というものがあって、それを避けるのは窓のたくさんある大きな家にさしこむ日光を避けるのと同じように困難である。日光でそうなるように、被造物に対する驚異の暖かみでいっぱいになり、それにひたっているのが、彼の精神の積極的な立場である。彼の属した修道会にはある種の非公式の大胆さがあって、人びとは自分たちの個人的な名前に「三位一体」とか「贖罪」とかいう途方もない称号をつける。それで、ある修道女は「聖霊の……」と呼ばれ、ある人は「十字架の聖ヨハネ」という称号のような重荷をになうのである。このような意味では、われわれの研究している人物は特に「創造主の聖トマス」と呼ばれてよいかもしれない。

アラビア人は、神の持つ多くの名前を一語で現わす言葉を持っている。しかし彼らもまた、それが「存在」そのものを表現するがゆえに、口で唱えることのできない恐ろしい名前——瞬時の聞こえざる叫び声の、つまり絶対者の宣言のように声にならないのに、恐ろしい——を用いる伝統を継承している。そしておそらくは「我は在る者なり」〔旧約聖書「出エジプト記」第三章第一四節〕としてしか書きえない主御自身の本来の名前でもって、創造主を呼ぶことに聖トマスほどに身を近づけた者は誰もいないのである。

五　本物の聖トマス

ひとりの偉大な聖人の、まことに大ざっぱで外面的な素描を書くのが目的だったとは言え、ここまで話が進んでくると、他の部分とは調和しない――しかも書くことが重要なのに、実は不可能なことをひとつ書く必要が生じる。聖人とは、ユニークであると同時に普遍的な性質を余分に備えている普通人のことを言うのであるが、聖人と普通人を区別するものがあるとすれば、それはただひとつ、聖人は普通人と積極的にいっしょになろうとする点であると言える。この意味で「普通」(ordinary)という語は「順序」(order)という語とも関係はあるが、その本来の高貴な意味で理解されなければならない。世にすぐれようなどという欲望は聖人はとっくに超越している。そして、優越者に一度もなったことのない唯一の優越者があるとすれば、それこそは聖人なのである。だが、これはすべて彼が身を低うしてそれを特権と呼ぼうともしない、それ自体の性質上一種のプライヴァシーであり、その意味では私有財産の一形態であるともいえる偉大な中心的事実から発しているのである。すべての健全な私有財産と同じく、彼はただそれを持っているだけで十分なのである。彼はそれを持っている人間の数を制限しようと思わない。彼は一種の天的な礼儀正しさからそれをいつも隠そうとしている。トマス・アクィナスは他の誰よりもそれを隠そうとした。彼が隠したそのものに可能な限り到達しようとするなら、そのためには、上層部から仕事を開始して、外側で最もめだっているものから内側にあるものに至るのが最善であろう。

聖トマス・アクィナスの風采とか体格は、実のところ、肖像画が描かれる時代以前ののどの人物のより再現しやすい。彼の体格あるいは態度にはイタリア人らしいところはほとんどなかったと言われてきた。これは最善の場合は聖フランチェスコと聖トマスとを無意識に比較して出てくる説であり、どんなに悪い場合でも、陽気な手まわしオルガンひきや火のついたようにしゃべるアイスクリーム屋のあわただしい伝説と聖トマスとの比較から出てくる説にすぎないのである。イタリア人が皆、陽気な手まわしオルガンひきではないし、きわめて少数のイタリア人しか聖フランチェスコに似ていないのである。ひとつの国民はひとつの類型だけで出来上がっているわけでは決してない。たいていの場合、大ざっぱに認められる二、三の類型のもつれあいである。聖トマスはイタリアで普通であるというよりはむしろ、普通でないイタリア人によくある一種の類型だった。彼は巨大な体軀で、多くの国の喜劇にユーモラスな姿でよく出てくる、容易に「歩く酒樽」と見まがうようなタイプだったのである。彼はそのことを自分で冗談の種にした。彼が坐れるように食卓が半月形にくりぬかれていたという壮大な誇張は、いらいらしたアウグスティヌス派やアラビア派の徒党ではなく、たぶん彼自身が言い出したのであろう。それがまったくの誇張であったことは確実である。彼の背たけの高さのほうが、でっぷりと肥えていることよりも目についたということも、とりわけ彼の頭は彼の胴体を支配するほどに強力だったというのも確実である。彼の頭は、現在伝わっている肖像画や容貌を描写した文書から判断するに、はっきりとした、すぐにそれとわかるタイプだった。がっしりした顎と頬、ローマ型の鼻、広いはげ上がった額を持つ頭で、その額には肉付がいいのに、思索の洞窟のように、あちらこちら奇妙な凹みが刻みこまれているように見えた。ナポレオンは短軀の上にそんな頭を持っていた。今日、ムッソリーニは、ナポレオンよりはやや高いめの、そして劣らず活潑な胴体の上にそれを持っている。それは幾人かのローマ皇帝の胸像に、時にはイタリア人の給仕――たいていは給仕の頭だが――のみすぼらしいシャツ・フロントの上に見ることのできる頭である。このタイプはまったく見まごうことのないもので、私は思わず、ヴィクトリア朝の通俗小説家のウィルキー・コリンズ〔イギリスの小説家。一八二四—八九〕が『白衣の女』という作品の中で書いている非常に活動的な悪漢は、ある本物のイタリアの伯爵をモデルにして書いたのだと考えずにはいられない。彼はヴィクトリア朝人が普通イタリアの伯爵として描いたような、伝統的な、痩せて浅黒くて身ぶり手ぶりよろしく話をするといったタイプの悪漢とは完全にコントラストをなしている。記憶しておられるかたもあろうかと思うが、このフォスコ伯爵は冷静な、太った、巨大な紳士で、その頭はまさしく英雄的な大きさのナポレオンの胸像のようであった。彼はメロドラマ的悪漢であったが、その種類の人としてはかなり納得のいくタイプのイタリア人だった。われわれが、彼のもの静かな態度、日常生活の言葉遣いと行動の上でのめざましい常識性等を思い浮かべると、トマス・アクィナスのタイプの人間の肉体だけの映像が出来上がるであろう。突然聖人になったフォスコ伯爵を想像するために必要な、若干の信仰の努力さえあるならば。

　聖トマスの肖像の多くは彼の死後、相当たってから描かれたものだが、すべてが明らかに同一人物の肖像である。彼はラファエロ描くところの「秘跡論争」の中では胴体に黒衣をまとい、ナポレオンのような頭を昂然とあげて立っている。ギルランダイオ〔ルネサンス期のイタリアの画家。一四四八―九四〕の肖像はこの人物において従来見落とされてきたイタリア的特色を特に示す点を強調している。それはまたこの神秘家にして哲学者なる人物において非常に重要な点をいくつか強調している。アクィナスがふつう放心状態といわれる傾向の人だったことは一般に証明されているところである。この類型は、ユーモラスかまじめかは別として、若干の伝統的方法に従って、たいていの肖像画において描かれている。時としてその放心状態はまるで永続的な放心状態であったかのように、目の表情が完全にうつろに描かれている。時には、それよりももう少し敬意をこめて、見ることもできねば、のぞむこともほとんど不可能な何か遠くのあるものを恋いこがれている眼のように、あこがれのまなざしとして表現されている。だが、ギルランダイオの聖トマス像の眼を見れば、諸君ははっきりとした相違に気がつくだろう。頭の上に花鉢が落ちても気づかぬほどに、哲学者の眼はすぐそばにある周囲のものから完全にそれているけれども、少なくとも、うつろな眼ではないし、あこがれの眼でもない。その眼にはさし迫った内なる昂奮の火がともっているのである。それは生き生きした非常にイタリア的な眼なのである。彼は何かについて考えている。それは、危機に臨んでいる何かで、何でもないものとか、何でもいいものとか、さらにひどい場合は何でもかでもについて考えているのではないのである。食卓をたたいてルイ九世の宴の広間をびっくりさせた直前の、あのもやもやした凝視に似たものが彼の眼にはあったに相違ない。

彼自身の特有の体格にともなう特有の習慣については、僅かだが、確実で説得力のある印象記がわれわれには残されている。彼が読書のために静かに坐っていなかった時には、彼は修道院の中をぐるぐるまわって、急速度にたけり狂ったように歩いた。それは精神の戦いを戦う人に非常にありがちなひとつのくせであった。人に声をかけられると、彼は非常に礼儀正しく、謝罪する人よりももっとうやうやしかった。だが彼の雰囲気には、声をかけられないほうがもっと幸福だという感じがただよっていた。まさに逍遥学派的な歩みを彼はすぐに止めるのであったが、再び歩き出した時には、立ち止まっていただけ一段と足を速めるのであった。

以上のことは、世の人の目に見えた彼の放心状態なるものが、どういう種類のものであるかを示している。そしてその特質をはっきりさせることは適切であろう。なぜなら、心の持ちあわせなどはさらにない自信たっぷりの詩人や知識人の放心状態を含めて、世の中には幾種類もの放心状態があるからである。まず、何かについて瞑想する真の種類のキリスト教的瞑想者であれ、無について瞑想する誤った種類の東洋の瞑想者であれ、瞑想者には一種の放心状態がある。明らかに聖トマスは仏教の神秘家ではなかった。しかし、私は彼の放心状態の発作はキリスト教神秘家の発作であるとは考えない。もし、彼が真のキリスト教神秘主義の恍惚状態を経験していたとしても、その恍惚状態が他の人びとと食卓を囲んでいる時には起こらないよう十分注意したであろう。彼は完全に神秘的な人というよりは、むしろ、実際的な人に属する種類の放心状態の発作を経験していたのであると私は思う。彼は活動的生活と観想的生活との間に一般に認められているような区別をしたが、この場に関連した場合においては彼の観想的生活すら活動的生活だったと私は思う。それは究極的聖性という意味において、彼の、より高い生活とは何の関係もなかった。そのことは、ナポレオンがパリ・オペラ座での観劇中に俄かに退屈の様子を露呈したが、後になって、実はフランクフルトにいた三個兵団をケルンの二個兵団のところへいかにして合流せしめうるか考えていたと告白したという故事を思い出させる。アクィナスの場合は、もしかりに彼の白日夢が夢だとすれば、それは日なかの夢、そして戦いの日なかの夢だった。もし彼がひとり言を言ったとすれば、それは彼が心の中で誰か他の人と論争していたからである。われわれは言葉を変えて、彼の白日夢は犬の夢のように、狩猟の夢である、つまり、真理を追跡するように誤謬を追跡し、逃げ足の速い虚偽がぐるぐるまわったり向きをかえたりする後を追っかけ、ついにはその地獄の住み家まで追っかけてゆく夢だったということができる。他の誰かが彼の思想がどこへ行ったかを発見する場合よりも、間違った思想家が彼の思想のよってきたるところを知った場合おそらくもっと驚くであろうことを、一番先に認める人は聖トマスであろう。こういう追跡の観念を彼は確かに持っていた。そして追跡（pursuing）ということをラテン語で Persecution（英語では迫害の意）と言うことが多くの誤謬や誤解の初まりであった。追跡者の気質とふつう呼ばれているものを彼ほど持っていない人はいなかった。しかし彼は必死になると、しばしば追跡せざるをえなくなる性質を持っていた。それはただ、すべてのものはどこかで生きている、自分自身の家庭で死んで初めて死んだという現実感を与えることになるという意味にすぎない。この意味で彼は白昼でも、時々「夢の中で影の追跡」をしたことは事実である。いわゆる活動家ではなかったとしても、彼は活動的な夢想家であった。その追跡において、彼は真に「主の犬たち《ドミニ・カネス》」のうち、そして「天の猟犬たち」のうち最も強く最も寛大なるものと数えられたのである。

この種の放心状態の本質を理解しない人がたくさんいる。しかも、不幸にもいかなる種類の議論の本質をも理解しない人がたくさんにいる。実のところ、二、三十年前と比べて、今日では、生きている人で議論を理解できる人はもっと少なくなった。聖トマスは二十世紀初頭の空虚な懐疑家の会合より十九世紀初頭の無神論者の会合のほうがましだと思ったであろう。議論と呼ばれる偉大で栄光ある慰みに真の不利な点があるとすれば、そのひとつは、その途方もない長さにある。もし聖トマスがいつもしたように誠実に議論するなら、時には議題は果てしがなくなることに諸君は気づくであろう。多くの場所に現われるように彼はこの事実を強く意識していた。たとえばたいていの人はお互い議論する時間がない――つまり公正に議論するには時間がない――から、啓示宗教を持たなければならないという彼の議論である。不公正に議論する時間ならいつでもある。われわれの時代のような時代にだってその時間が最も少ないというわけではない。彼は中年のかなり早いころに死んだのであるが、自ら議論すること、誠実に議論すること、誰にでも答えること、すべてのものを扱うことを決心して、彼は一隻の船を沈め、ひとつの図書館をいっぱいにするほど書物を産出したのである。著作をしていない時でさえ思索していなかったら、そしてなかんずく戦闘的に思索していなかったとしたら、おそらく彼はこの大業をまったくなしえなかったであろう。彼の場合、確かに思索は、「辛辣に」とか「皮肉に」とか「無慈悲に」とかではなく、まさしく「戦闘的に」行なわれたのである。事実、議論しようとしない人は、すぐに冷笑するものである。最近の著作には、こういう次第で議論がほとんどなくて、多くの冷笑があるのである。

聖トマスが非難に熱中したのはほんの一、二回でしかなかった、という事実はすでに見た通りである。しかし、冷笑に熱中したことはたった一度もなかった。彼の奇妙に素朴な人柄、彼の明晰で勤勉な知性は、冷笑の仕方を知らなかった——という言い方以上に事を上手に要約して述べることはできまい。彼は二重の意味で知的な貴族であった。決して知的な成り上がりではなかったのである。彼が語りかけている人たちがともかくも、この世で語りかけるに値すると考えられている人かどうか彼はさらさら気にとめなかったのである。彼の機知や知恵の断片を受け取った人たちが、ひとかどの人物であった可能性とつまらぬ人間であった可能性とは相半ばし、また頭のいい人間であった可能性と愚者であった可能性もまた相半ばしているというのが同時代の人びとの印象であった。彼は仲間である人間の魂に興味があったために、頭脳のクラスわけのほうには興味を持たなかったのである。ある意味で、彼の特別な頭と気質にとってそのことは、個人的にすぎ傲慢にすぎることであった。彼は自分が話していることに興味があって、長いこと話すことがあったかもしれない。もっともそれ以上に長く沈黙していたのであろうが。だが、知識階級なるものに対しては、彼は本当の知識人ならば持っている無意識の軽蔑感を完全に心に抱いていたのである。

文通が当時は非常に困難だったことを考えあわせれば、彼は、人間の共通問題にかかわっている大半の人と同様に、かなりの文通をしていたことになると思う。まったく未知の人が彼に質問するとか、それも非常に馬鹿馬鹿しい質問をすることが多かったことが記録されている。これらの質問のすべてに対して、たいていの理性的人種の場合ならいらいらしてしまいそうな種類の合理性と忍耐とを独得な仕方でつき混ぜたような調子で彼は答えた。たとえばある人は、彼にむかって、天上でひろげられる巻物の中に祝福されたものの名は全部書いてあるかどうかをたずねた。彼は倦むことのない平静さで答えた。「私にわかる範囲では実際はそうではないと思います。しかし、そうだと言っても害はありません。」

あるイタリア人の画家の描いた聖トマスの肖像について、彼が放心状態であった時にも彼は精神を集中しており、黙っているのにまるで今にも話しそうであったというふうに私は語った。そういった偉大な伝統を背負った肖像画は一般に大きな想像力を示す小さなタッチにみちている。ティントレット〔ルネサンス期のイタリアの画家。一五一八―九四〕が描いた、十字架像が日光に照らされている光景の中で、キリストの顔は暗くてはっきりしないのに、その頭の後ろの輪光は予期に反して灰そのものの色のようにかすかで灰色であるのを見て、ラスキン〔イギリスの批評家。一八一九―一九〇〇〕が論評した時のような想像力を今私はここで意味するのである。神性の観念自体を、光をうばわれた状態においてこれ以上に力強く表現することは困難であろう。トマス・アクィナスの肖像にはひとつの調子があって、それが同じように有意義であることに気づくのは面白い。両眼に大いに活気と警戒の色を与えた画家は、聖人のただ戦闘的な注意集中をあまりにも強調しすぎたと感じたかもしれない。しかし、ともかくある理由で彼は彼の胸に第三の、象徴的な、ギリシアのひとつ目巨人キュクロープスの眼でもあるかのような標章を描いた。少なくともそれはキリスト教の普通の印しでは決してなく、異教の神の顔をした太陽の円盤のようなものである。その顔は暗く神秘で、そこから発する光は火の輪である。これに何か伝統的な意味が付されているかどうか私は知らない。しかし、その意味を想像すれば奇妙にぴったりする。光の過剰のために暗く、他人を啓蒙する場合以外には光を出さない秘密の太陽は、当時、この聖人の内なる理想の生の正確な標章であろう。彼の内なる生は外面的な言葉や行動によって隠されていたばかりでなく、外側から見た場合、自動的に沈黙してしまうくせや発作的に考えにふける習性によっても隠されていた。約言するに、この精神的超越は、彼のふだんの瞑想や夢想癖と混同されてはならない。巨大な男性的体格を持ち、何らかの社会的な輝かしさと寛大さとを無意識のうちに親から受けついだ人によく見られることであるが、彼は自分のふだんの行動についての気まぐれな批評についてはまったく無頓着であった。だが彼の聖性にみちた実生活について彼は非常に秘密主義的だった。このような秘密主義はふつう聖性と相ともなうものである。というのは、聖人はファリザイ人〔『新約聖書』の中のユダヤ教の一党派〕の行動をすることを心の底から恐れているからである。だが、トマス・アクィナスにあっては、それはいっそう神経質で世の多くの人が病的と呼ぶ程度であった。彼は国王の宴席でワインを傾けながら放心状態になったのを見つけられても気にもとめなかった。なぜかというと、それはただ論争点に関してだけのことだったからである。しかし、聖パウロを幻で見たことで問題が起こった時、彼はそれを人に論議されぬように恐れもだえた。その物語はその結果、幾分不正確なままである。言うまでもなく、彼の弟子や賞賛者たちはトマスが隠そうとしたのと同じ熱心さで厳密に奇跡的と言える物語を集めようとした。そしてその一つ二つは相当に確実な、証拠となりうる背景とともに世に残されているように思われる。しかし彼と同じ程度にまじめで控え目であったが、熱心さにおいては彼よりもすぐれ、世に知られることに神経質な点では彼に及ばなかった多くの聖人の場合と比べて、彼の場合は世に知られている奇跡は少なかった。

その生と死とにまつわるすべての事柄に関して、聖トマスのまわりには大きな静かなとばりが垂れていたのは事実である。大きなものでありながらほとんど場所を取らないものが世の中にあるが、彼はそういった存在であった。彼の死後、当然のことながら、彼の奇跡についてひと騒ぎが起こった。またパリ大学が彼を埋葬しようとした時にも、彼の埋葬について一騒動があった。彼の墓地を他のどこにする計画があったのかについての長い史実を私は詳しくは知らないが、東方から来た、ペストのような悲観論をドミニコ会士たちが打倒した戦場の基地、トゥールーズの聖サトゥルニヌス教会に彼の聖骨が埋葬されることで、この問題は結着をみた。だが、中世紀的形式であれ、近代的形式であれ、ともかく彼を埋葬した墓所を、実際以上に楽しく騒々しい俗悪な場所として想起することは容易でない。彼は真の意味で清教徒とはほど遠い人間であった。彼は若い友人のため、休日の宴席の準備をした。それは賑やかな宴であった。彼の著作の傾向は、特に彼の時代のものとしては、自然の生活を承認するという点で合理的である。人間は冗談や悪ふざけで生活に変化を与えねばならないと彼はわざわざ言うのである。それにもかかわらず、われわれは彼の人柄を群衆をひきつける磁石というふうには何とも考えられないし、トゥールーズの聖トマスの墓所への道を、カンタベリー大聖堂の聖トマス・ア・ベケット〔イギリスの司教、聖人。一一一八頃―七〇〕の墓所への道のように居酒屋がずらりと並んでいる道として考えることも不可能である。彼は騒音を大いに嫌ったと思う。彼には雷を嫌ったという伝説があるが、実際難船した時、彼が非常に平静だったという事実によって反論されている。それはともかくとして彼の健康ともたぶん関係していたのであろうが、ある意味で神経質ではあったが、確かに彼は非常に平静であった。われわれは大きな背景に気づく時と同じように、次第に彼の存在に気づくのを感ずる。

このささやかな素描がその表題に値するとすれば、彼の哲学、いや神学さえも含めて彼の蔵書全体がその前にあってはパンフレットの屑同然にすぎなくなってしまうような、途方もない確実さをもったものを目立たせることになろう。このものは、それが議論の形をとり始めるずっと前に最初から彼の心中において確信の形で確かに存在していたものである。それは子供のころからすでに非常に生き生きしていた。そして彼の境遇は、子供部屋や遊び場での逸話が現実に保存される可能性が十分にあるような境遇であった。彼は、初めから真に正統主義的なカトリック信仰について十分で究極的な試練を経ていた。それは貧しい人に寄せる衝動的で、性急な、辛抱するところを知らぬ激しい感情であった。それは貧しい人に糧を与えようとする渇望から、金持に対してはむしろうるさい存在になろうとする積極性でさえあった。このことは、後にそのために彼が非難されることになった主知主義や、ましてどんな種類の弁証癖とも何らの関係もありえなかった。六歳のころ彼がアヴェロイスに答える野心を持っていたとか、作動因とは何であるか知っていたとか、後年そうしたように、人間の自己愛は真剣で、不変で、しかも寛大であるが、できるならそれをそっくりそのまま隣人愛に移し変えられるべきであるという理論をつくり出していたとかいうようなことはとてもありそうもないことである。六歳のころ彼はそういうことを理解しなかった。彼はただそれを実行したのである。しかし、彼の行動を包む雰囲気は完全に一種の確信をともなっている。優雅にもそのような貴族の家庭にとって典型的であったように、彼がかりに乞食や浮浪者にものを手ずから与えたとすれば、彼の親はやさしくそのことをたしなめたであろうと思われる。だが、身分が上の召使いはそのようなことをひどく嫌った。

もしも、われわれがすべての子供らしい事柄に対すると同じように、そのことを真剣にとるとすれば、われわれはわれわれの後年の義憤が生じる最初にして最善の泉であるあの神秘的な無垢の状態から何ものかを学びとることができよう。彼の次第に成長する精神、偉大にして孤独なる精神とともに、彼の周囲のものすべての正反対である野心が着々と成長して行った理由をわれわれは理解し始める。彼が貴族の礼服を脱いで飛び出したばかりでなく、あらゆる形の野心、そして聖職者としての野心をすら棄てて飛び出したことによって家族を驚倒させる以前に、抗議であれ、予言であれ、救いを求むる祈りであれ、ともかく彼の内側でたえず成長して行ったものが何かわれわれは推量しうるであろう。彼の幼年時代は、家から街頭に出て、自分もまた乞食になるのだと宣言した彼の成年時代の最初の大出発のヒントを持っているのである。

ところで、今ひとつ、一種の第二の瞥見ないしは後日譚というべきものがある。その中で、外面的な意味でよく知られているひとつの事件が内面を一瞥させてくれるのである。たいまつ事件、つまり、塔の中で例の女性が彼を誘惑しようとした事件ののちに彼は夢を見たといわれている。その中で二人の天使が彼を火の紐――それは恐ろしい苦痛と同時に恐るべき力を与えた――でしばったので、彼は暗闇の中で大きな叫び声をあげて眼をさましたというのである。この話はその状況の中で、非常に生き生きとした感じを与える。これは司祭たちと博士たちとが十九世紀的な否定という陳腐なエチケットなしに互いに語り合えるようになる時には、さらによく理解されるであろう真理を含んでいる。この夢を十九世紀のかの博士がウィルキー・コリンズの小説『アーマディール』の中でしたように、彼が托鉢修道士の上着を脱がされまいと戦っているところから紐を、そして彼が炉辺から取り上げたたいまつから夜の緞帳《どんちょう》の中を走る火の糸を、といったふうに、その夢を分解し分析して過去の細かい事実に変えてしまうことは簡単であろう。しかし『アーマディール』の場合でさえ夢は同様に神秘的に実現された。そして聖トマスの夢は実に非常に神秘的に実現されたのである。その事件以後、彼は彼の人間性のその側面では驚くべきほどに悩まなくなる。もっともこれは彼の正常な人間性の大変革をひき起こした可能性が強いが……。それは悪夢よりも、もっと強い夢を生んだのである。ここはカトリック信徒でない人びとを非常に当惑させる心理的事実、つまり司祭が去勢されることなしにいかにして独身でありおおせるかを分析する場ではない。ともかく、このことについて彼はたいていの司祭よりも心を悩ませなかった公算が大である。これは真の美徳、つまり意志力とは何の関係もない。彼と同じように聖なる聖人たちは情欲の圧力をまぎらわすため、いばらの中をころげまわったのである。しかし彼は反対刺激剤を多く必要としなかったのである。大方のことについてと同じように、彼はこのことについてもそれほど興奮することがなかったという簡単な理由によるのである。聖寵の神秘の一部分として多くのものが説明されないままになっているにちがいない。しかし、おそらく「昇華」——低いエネルギーを高い目的にむけること――という心理学的観念には若干の真理があるといえよう。したがって欲望は知的エネルギーの炉の中でほとんど無力となったのである。超自然的原因と自然的原因との間で、彼が精神のこの側面でそれほど知ることも苦しむこともなかった可能性が強い。

最も正統的な読者にでも、聖なる人を愛するだけ、その聖人伝の作者を憎みたくなる瞬間がある。聖なる人はつねに自らの聖性を隠す。それは不変の理である。そして聖人伝作者は、時には聖なる人を失望させようとしている迫害者のように見える。彼はスパイか、それともアメリカ人の訪問記者以上には立派と言えない盗聴者か、いずれかのように思われる。私はこのような感情が気むずかしい一方的なものであることを認める。そして私は、このような嘆かわしい仕方でのみ一般に知れわたるようになった一つ二つの出来事を話して、自分の罪の償いを証明することにしよう。

彼が一種の二次的で神秘的な生、つまり、世に二重分身といわれているものに相当する聖なる二重分身を経験したことは確実なように思われる。ある人は、近代の心霊研究家が「空中浮揚」と呼んでいる種類の、奇跡――トマスはたったひとりで経験した――を瞥見したらしい。そういう人は嘘つきか文字通りの証人かのどちらかである。というのは、そのような不思議がこのような人に起こったことについて疑問も程度の差ということもありえないからである。それは教会の巨大な柱のひとつが雲のように宙に浮かんでいるのを見るようだったに相違ない。どんな精神的歓喜や苦悩の嵐が物質や空間に対してこのような激変をひき起こすのか知っている人はいまいと私は想う。しかし、そのようなことが起こるのはほぼ確実である。理由はともあれ、普通の心霊研究者の霊媒の場合すら、証拠は反論しがたい。しかし、おそらく彼の生活のこの側面において見られる最も代表的な啓示は、ナポリの聖ドミニコ教会の静寂さの中で彫刻のキリストから声が聞こえて、ひざまづいているこの托鉢修道士にむかって、「汝の著作は正しい。世のすべてのものの中で欲しいものがあれば何にでも賞として与えるゆえ選べ」と語ったという、有名な十字架像の奇跡物語の中に見出されるであろう。

　この聖人にだけあてはまるこの独得の話の要点を皆が皆理解したわけではないと思う。それが孤独とか素朴を熱愛した人物に対する単なる神の申し出であるかぎりでは、それは人生のすべての報償の中から好きなものを選ぶことを許されるという昔ながらの物語である。本物または偽物の隠修士、熱狂的もしくは皮肉なイスラムの行者、円柱上の柱頭行者〔古代の西アジア地域などにおけるキリスト教の苦行者〕、桶の中のディオゲネースなどは、すべて、天国、空中、またはこの世の権力者たちによって何でも一番よいものを与えるからと誘惑され、何もいらないと答えた人として描き出されている。ギリシアの犬儒派やストア派の場合、それは単なる否定、つまり彼が何も欲しいと思っていないことを意味したのである。東洋の神秘家や熱狂者の場合、時にはそれは一種の肯定的否定を意味したのである。彼は無をのぞんだ。つまり無こそは彼ののぞんだものだったのである。それは高貴な独立、そして自由を愛し、贅沢を憎むという双生児的な古代の美徳を表わしていた。時としてそれは聖性とは正反対である自己満足を表わした。だが、この種の本物の聖人の物語でも聖トマスの場合をまったく説明しつくすものではない。彼は何ものぞまない人物ではなかった。彼はすべてのものに非常な興味を持った人物であった。彼の答えはある人が想像するほど、やむをえない答えでも、単純な答えでもないのである。多くの他の聖人や哲学者と比較してみた場合、彼は事物の受容という点で、また事物に対する渇望という点で貪欲であった。事物はひとつだけではなしに現実にたくさんにある、そして多は一と同じように存在するというのが彼の特別な霊的論題であった。「存在」の高貴なハイアラーキーの中でのそれらの位置を彼が否定しているわけではないが、私は食べたり、飲んだり、着たりする事物を意味しはしない。むしろ私は考えるべき、特に証明すべき、経験し、知るべき事物を意味するのである。トマス・アクィナスは神の賜物の中から好きなものを選ぶよう神から告げられた時、千ポンドとか、シチリアの王位とか、珍しいギリシアの葡萄酒の贈物を求めたとか想像するものは誰もいまい。彼が求めたとすれば自分が本当にほしいものであったろう。彼は聖クリュソストムスの失われた写本を欲しがったように、ものを欲することのできる人であった。彼は昔からの難問の解決、新しい科学の秘密、天使の持つ思いもよらぬような直観力の閃き、宇宙の広大さと多様性に対する広く男性的な欲望を満足させてくれるような、多くの事物のひとつを求めたであろう。重要だったのはトマスにとって十字架にかけられた人のひろげられた両手の間から声が聞こえてきた時、その腕は本当に広くひろげられており、全世界の門を輝かしく開いていたということであった。それらは東や西や地の果てや、存在の極限までをさし示す腕であった。事実、それらはひろげられる際に、全能の寛大さの身振りをともなっていた。創造主が創造それ自体を差し出しておられ、すべての個々の存在の多様な神秘、被創造物の勝ち誇った合唱とがともなっていた。聖トマスの答えに特別な強さと一種の驚きとを与えるのは多様な「存在」の背後にある燃えるがごとき背景である。その時、彼はついに頭を上げ、彼の宗教の謙遜と一体になっているほとんど瀆聖とも言うべき大胆さで、しかもその大胆さのために言った。「主御自身を私はいただきたいのです。」

この物語——理解できる人には、非常にユニークにもキリスト教的なのだが——に対して、決定的な最高の皮肉を付け加えるとすれば、世の中には、「主御自身だけを」とトマスが言ったと主張すれば、その大胆さは柔らげられると感じる人がいるという点である。

厳密に奇跡的な意味で、これらの奇跡について言うと、彼ほどには直接的影響力の強くない聖人の生涯の場合と比較して彼の場合奇跡は多くはないといえる。そのことはおそらく、かなり十分に世に認められているところである。なぜならば、彼は高い地位にあって有名な公けの人であり、彼にとって好都合なことには、彼の主張をふるいにかけると思われる激怒した敵がかなり存在したのである。彼は少なくとも一度は病者をいやす奇跡を行なっている。それは彼の衣服にふれた一婦人をいやした奇跡である。その他、先刻のナポリの十字架像の奇跡の変形と言えるいくつかの事件がある。しかし、これらの話のひとつは、詩によって表現された彼のさらに個人的、人格的、情緒的宗教生活のもうひとつの面へとわれわれを導く、さらに重要な性格を持っている。彼がパリに滞在していたころ、ソルボンヌの他の博士たちが彼の前に聖体の秘跡のパンと葡萄酒の神秘な変化の性質について問題を提出したのである。彼はいつものように自分自身の解答を注意深く骨折ってわかりやすい文章で書き始めた。もちろん彼は心からの素朴さでこのような判断を下す重い責任と重大性とを感じた。そして当然のことながら、彼が平常著作で苦心する場合よりももっと苦心したように思われる。いつもよりももっと長い祈りと代願とによって彼は導きを祈り求めた。そしてついに彼の生涯の分岐点を特徴づける、めったにしないがたいそう人目を引くあの身ぶりを一度して、祭壇の十字架像の足もとに彼の論文を置き、判断を待つもののようにそのまま立ち去った。それからまわれ右をして祭壇の下の階段のところへ戻ってもう一度夢中になって祈った。他の托鉢修道士たちは当然のことながらそれを見ていたと言われる。というのは、キリストの像が十字架から人間たる彼らの目の前まで降りて来て、その巻物の上に立ち、「トマスよ、わが体の秘跡について汝は立派に書いた」と述べ給うたと後ほど彼らが宣言したからである。このような幻のあとで、彼が不思議にも空中に浮揚する事件が起きたのである。

鋭いひとりの観察者はトマス・アクィナスについて、彼が生きている時代に「すべての哲学が焼却されたとしても、彼はひとりでそれらを元通りにできるだろう」と述べた。彼が独創的な人であり、創造的な頭脳の持ち主であったというのは、この意味においてである。彼はアリストテレスやアウグスティヌスの写本がなくても、石や藁から自分自身の宇宙を創り出せたであろう。しかし、この点で人が最も独創的であるところと最も興味を持っているところとの間に、そしてまた人が最もよく為しうることと最も好むこととの間に、よくある種類の混合が起こるのである。聖トマスはユニークで驚異的な哲学者であるから、本書が主として彼の哲学の素描たるにとどまるのは避けがたいことである。本書は、彼の神学の素描というわけにはいかないし、そういうふりもできない。だが、その理由はひとりの聖人の神学はただひとりの聖人の一神論にすぎないか、あるいはすべての聖人の一神論だからである。それは他と比べて個人的ではないが、それでいてはるかに強烈である。それは共通の起源（origin）を扱うけれども、独創性（originality）のための機会ではないと言ってもよい。このようにして、われわれはまずトマスをトマス哲学の創始者と考えざるをえない。クリストファー・コロンブスはタタール国の汗《かん》を改宗させようという信心深いのぞみを抱いた点できわめて真剣であったのであろうが、それにもかかわらず、われわれは彼を第一にアメリカの発見者と考えるように。また熱心な火の崇拝者、もしくは真剣なスコットランドのカルヴィン主義者、もしくはあらゆる種類の珍奇なものだったかもしれないが、ジェイムズ・ワットのことはわれわれはまず蒸気機関の発明者と考えるように。ともかく、アウグスティヌス、アクィナス、ボナヴェントゥーラ、ドゥンス・スコトゥス、そしてすべての博士たちや聖人たちは事物の神聖な統一に近づくにつれて互いに接近し、その意味で彼らが哲学においてよりも神学において相違することが少なくなるのは当然である。ある事柄について、アクィナスの批評家たちが彼の哲学は不当に彼の神学に影響を与えたと考えたのは真実である。彼が至福直観の状態をあまりに知的にし、それを特に愛の真理としてよりも真理への愛の満足と考えたという非難について特にそうである。神秘家やフランシスコ派の人びとが、すでに認められている愛の卓越性についてもっと愛情をこめて考えたのは事実である。しかしそれは主として強調の問題で、おそらく気質というものがかすかながら影さしていると考えられる。おそらく、聖トマスの場合——説明するよりは感ずるほうが容易なものを示唆すれば——一種の内気さのかすかな影響である。最高の脱魂状態が知的であるよりは、むしろ感情的であるかどうかという問題は、それが知的、感情的の双方であることを信じながら、そのいずれか一方の現実の経験について想像するふりさえしようとしない人びとの間では、決して重大な論争点にはならない。だが、聖トマスが聖ボナヴェントゥーラが考えたようにそれを情緒的だと考えたにしても、彼はそれについて情緒的には決してなれなかったろうという一種の感じを私は持っている。愛について長々と書くことはつねに彼をとまどわせたであろう。

彼に許された唯一の例外は、まれに見るようなすばらしい詩作であった。すべての聖性（sanctity）は秘密（secrecy）である。彼の聖なる詩は実に分泌物（secretion）ともいうべきものであった。非常にしっかりとかたく閉じたかきの中の真珠のように。われわれが知っているよりも多く彼は詩作したかもしれない。だが、わが主キリストの聖体の祝日のための聖務日課を作るように依頼された特別な機会を通じて、彼の詩の一部は公けに用いられるようになった。その祝日は彼が祭壇に置いた巻物の中に書いた論文を通して彼が貢献した論争のあとで初めて定められた祝日であった。それは彼の天才のまったく別の面を示すのである。それは確かに天才であった。彼は一般的に言うと、すばらしい実際的の散文家であった。人によっては、非常に散文的な散文家というであろう。彼は二つのもの、つまり明晰と礼節との二つに眼目をおいて議論した。彼がそうしたのは、その二つが回心の可能性に影響する完全に実際的な特質だったからである。だが、聖体の祝日の典礼の作詩者は、荒くれた粗野な連中でも詩人と呼ぶような種類の人種たるにとどまらず、もっと気むずかしい人種でも芸術家と呼ぶような人種だった。彼の二重の機能はルネサンスの偉大な芸術家、ミケランジェロやレオナルド・ダ・ヴィンチのような二重の活動を想起させる。彼らは都市の城砦を設計したり、建築したり、外壁をつくる作業をし、それから内側の部屋にひきこもって聖杯とか、聖遺物を入れるための匣をつくった。聖体の祝日の聖務日課は多くの色彩豊かな宝石や金属が注意深くしかもくすしくはめこまれたいにしえの楽器のようである。作者は草が生え実がなっている牧場で珍しい薬草を集めるように古い文献をあさった。そのハーモニーには声高で明白な要素は明らかに欠けている。その全体は二つの強いラテンの抒情詩で結ばれている。ジョン・オコナー神父〔イギリスのカトリック司祭。ブラウン神父のモデル。一八七〇—一九五二〕はそれをほとんど奇跡的な才能で翻訳した。だが、すぐれた翻訳者なら、どんな翻訳もよくないということ、あるいはともかく十分にいいとは言い難いということにまっさきに賛成するであろう。「スミト・ウヌス・スムント・ミルレ、クワントゥム・イスティ、タントゥム・イッレ」(ひとり拝領するも、千人拝領するも、ひとしきものを完全に受けたてまつる。いかに多くの人これを受くるとも、尽くることなし。）というラテン語に実際に相当する八個の英単語をわれわれはどのようにして捜し出しえよう。その第一の綴りがシンバルの響きのように鳴りひびく「パンジェ・リングァ」（うたえ、わが舌よ）の音調を誰がどのようにして翻訳しえよう。

詩のほかにもうひとつの表現手段があった。それは、聖フランチェスコと同じくらい、またどんなフランシスコ会の神学者とも同じくらいに自分が愛徳をもっていることをこの大柄で内気な人が示すことのできるような、個人的愛情の表現手段であった。ボナヴェントゥーラはトマスは神に対する愛に欠けているとはよもや考えまい。それにトマスは確かにボナヴェントゥーラへの愛にも欠けていなかった。彼は自分の家族の誰に対しても、変わることのない、頑固なといってもよい優しい気持を抱いていた。彼の家族が彼をどう扱ったかということを考えてみると、これには愛徳だけではなく、彼の特徴である忍耐の徳もまた必要であったろう。彼は晩年になると修道士仲間のひとりであるレギナルドゥスという名の托鉢修道士の愛に特によりかかっていた。彼はトマスが友人にめったに示したことのないような、ある不思議な驚くべき信頼を受けていた。あの最後のむしろ異常なヒント、歴史がこれまでに説明できなかったヒント――それは彼の論争的生涯の終結、つまり実際には地上的生命の終結であったが――を与えたのもレギナルドゥスに対してであった。

彼はブラバンのシゲルスとの最後の論争から勝利を得て帰還した。帰還して引退したのである。この論争はそういって差支えあるまいと思うが、まさしく彼の外的生活と内的生活とが交錯し合致する一点であった。彼は自分が子供のころからキリストのための戦いに全同盟者を結集することをどのように熱望していたか、相当後になって、アリストテレスを同盟者として呼び出すことになったかを悟った。さて今や、この最後の悪夢のような詭弁の中で、あるものがキリストをアリストテレスに降服させることを熱望していることに初めて気づいたのである。彼はそのショックからついに回復することがなかった。彼は当時の最高の頭脳であったがゆえに戦いに勝った。だが、彼は彼の人生の全理念と目的とがこんなに転倒せしめられた事実を忘れることができなかった。彼は人を憎むことを憎むような人であった。彼はある点を越えてまで、彼らの憎むべき観念を憎むことになれてはいなかった。しかし、人間精神の二元性というシゲルスの詭弁によって開かれた無秩序の深淵の中に、彼は宗教についてのあらゆる観念、真理についてのすべての観念が滅亡する可能性を見ていた。それを記録する言葉は短く断片的であるが、彼は、狂暴な教義の嵐が吹いている外的世界に対する一種の恐怖の念と、どんなカトリック者も共有しうる、そして聖人が単純な人びとから切り離されてはいない内的世界への熱望とをもって帰還したのだと推測される。彼はまた再び修道会の厳格な日常生活に戻った。しばらくは誰にも口をきかなかった。そして（彼がミサをたてていた時だといわれているが）、あることが起きたのである。世の人にはその内容はたえて知られることはあるまい。

彼の友人レギナルドゥスは彼にむかって、前と同じような読書と著作の規則的な習慣に戻り、時代の論争をつづけるよう頼んだ。ところが彼は非常に強い調子で言った。「私にはもうこれ以上書くことはできない。」しばらく沈黙がつづいたあとで、レギナルドゥスは勇気をふるってその問題に再度ふれた。トマスは彼にさらに力強い調子で答えた。「私にはもうこれ以上書くことはできない。自分の全著作を藁のようにしてしまうものを私は見たのだ。」

一二七四年、アクィナスがほぼ五十歳のころ、教皇はアラビアの詭弁家たちに対しておさめた最近の勝利を喜んで、これらの論争点をめぐってリヨンで開かれることになった公会議に彼の出席を求める手紙を送った。彼は軍人のように自動的な従順さをもって立ち上がった。外からの命令に対する従順は神秘的な内なる命令――彼だけに見えたしるしであるが――に対する従順さを打ちくじくことはできない、と周囲のものに彼の眼が告げていたとわれわれは想像できる。彼は友とともに旅に出た。そして深く愛していた自分の女きょうだいのところに一晩泊まろうとした。ところが、彼女の家に到着するや否や正体不明の病気で彼は倒れた。われわれは誰にもよくわからない医学的問題を論ずる必要はない。

事実、彼は普通は健康でいながら、ちょっとした病気で倒れてしまう種類の人間であった。同じように事実であるが、彼の病気について明確な報告が残っていない。彼は最後にフォサ・ヌォヴァの修道院に移された。彼の不思議な終末は大股で彼を訪れた。彼が宗教的真理の情緒的、ロマンティックな側面をほとんど考えなかったと思っている人には、ソロモンの雅歌を初めから終わりまで読んで聞かせてもらいたいと彼が求めたことを記しておくのは価値あることである。彼の周囲の人びとの感情は複雑で表現困難にちがいなかった。確かにトマスの感情とはまったくちがったものであった。彼は自分の罪を告白し、神を受け入れた。偉大な哲学者がすでに哲学をすっかり忘れていたのは確かである。しかし、彼を愛した人びと、あるいはただ彼の時代に生きていた人びとには、必ずしもそうではなかった。物語の要素は非常に少ないけれども、本質的なものであるから、この物語を読んだ場合、われわれはこの事件の二つの情緒的な側面を強く感じるのである。人びとは偉大な精神がなお彼らの中で大きな石臼のように回転していたのを知っていたにちがいない。彼らはその時、しばらくは修道院の内側のほうがその外側より広いと感じたにちがいない。それは強力な近代の発動機が、その時、発動機を収めている崩れ落ちそうな外側のがたがたの建物をゆるがしている場合に似ていた。というのは実にその機械はすべての世界に属するさまざまの車輪で出来上がっていた。そして変転する科学に直面してその運命はどうなろうとも、つねに何らかの意味で哲学の象徴——暗黒よりももっと神秘的な二重、三重の透明な深さ、恐ろしい水晶のような七重の透明の深さ——に相違ない同心円の天圏を持つかの宇宙のように回転していたのである。彼の心の世界には天使の世界の車輪、遊星の世界の車輪、植物や動物の世界の車輪、があった。しかし、またすべての地上的なものの正しく、そして明白な秩序、穏健な権威、自尊心を備えた自由、倫理学や経済学の複雑な多くの問題に対する多くの解答があった。しかしその思想の巨大な石臼が突然止まったのを人々が知った瞬間があったにちがいない。その静寂のショックのあとで、その車輪は世界をもはやゆるがさなかった。その空虚な家の中には小山のような土くれしかなかった。そして奥まった部屋で彼につき添っていた聴罪神父は恐怖にとらわれたように走り出してきて、彼の告解は五歳の子供の告解だったとささやいた。

六　トマス哲学入門

トマス哲学は常識の哲学である、ということ自体すでに常識となっている。だが、ひとこと説明が必要である。というのは、ずい分長いことわれわれはこのことを特別な意味で受け取ってきたからである。善かれ悪しかれ、ヨーロッパ、特に英国は、宗教改革以後、奇妙な意味で、逆説の本家となった。まったく奇妙な意味においてであるが、それは逆説が根を下ろし、人びとが逆説に親しむようになったという意味である。一番耳にする実例は、英国人が、おれたちは論理的でないから、実際的なのだと、自ら自慢していることである。古代ギリシア人や中国人の耳には、「ロンドンの事務員は計算が不正確だから、帳尻を合わせるのが上手」といったふうな言い方に聞こえるだろう。しかし、要点は、これが逆説であるということではなく、逆説が正説となったということ、つまり、人は今や逆説に対しても、平凡な言葉に対すると同様心を安んじているということなのである。それは実際的な人が逆立ち——それは、ぎょっとさせるけれども刺激になる体操である——をするということではなく、彼が逆立ちをしたままで休息し、しかも眠れるということである。これは重大な点である。というのは、逆説の効用とは精神の覚醒にあるからである。巧みな逆説の例としてオリヴァー・ウェンデル・ホームズ〔アメリカの医学者、随筆家、詩人。一八〇九—九四〕の「人間は、贅沢品を与えられると、必需品を捨ててしまう」という言葉を引こう。これは面白い。それゆえに注意も引くのである。ここにはかなり手厳しい挑戦の響きがある。ここにはロマンティックであるが、実際的でもある真実が含まれている。それがほぼ名辞矛盾の形式で述べられているところが面白さの要点なのである。社会組織の全体の基礎を、必需品は必要でないという考えに置くならば、非常に危険な話だとたいていの人は考えるであろう。それは英国憲法全体の基礎を、ノンセンスがつねに常識として働くという考えに置こうとするのと同じである。しかし、ここにおいてさえも不快な実例がひろがっているのであって、まさしく近代の産業組織なるものは、「コールタール石鹼のような贅沢品があれば、小麦のような必需品はなくてもよい」と述べていることになると言えよう。

ここまではよく知られていることだが、現在でもわかっていないのは、実際の政治ばかりではなく、近代世界の抽象的な哲学にもこのような奇妙なねじれがあるということである。十六世紀に近代世界が始まって以来、どの哲学体系も一般の人の現実感覚——一般の人にまかせておけば常識と呼ぶであろうものだが——に真に照応したことがないのである。

あらゆる哲学体系は、逆説から――つまり、一般の人が健全な見方と呼ぶものを犠牲にすることを要求する奇妙な見解から出発したのである。これはホッブズとヘーゲル、カントとベルクソン、バークレイ〔アイルランドの哲学者。一六八五―一七五三〕とウィリアム・ジェイムズに共通している唯一の要素である。人は正常な人が信じないようなこと、つまり法は正義の上にあるとか、正義は理性の外にあるとか、ものはわれわれが思っている通りのものだとか、あらゆるものはそこに存在しない実在とかかわっているのだといったような事柄を、俄かに素朴な頭脳のまえに持ち出される時には、信ぜざるをえなくなった。近代の哲学者は一種の詐欺師のように、このことさえおまかせいただけるならば、あとはもう楽なのです、このようなひとつのねじれを頭脳に与えることを許していただけるなら、私は世界をまっすぐにして上げます、と主張するのである。

私がこれらの問題について愚か者として、あるいは民主主義を信奉する仲間が言うように低能として、あるいはともかく一市井人として発言していることはおわかりいただかねばならない。本章の唯一の目的は、トマス哲学がたいていの哲学よりも市井の人の精神に近いということを示すということである。聖トマスについて賞賛すべき書物――それによって私は幾多の問題を解明してもらったのだが――を表わしたダーシー神父〔イギリスのカトリック司祭。一八八八―一九七六〕のように私は哲学の専門技術に長じている練達の哲学者ではない。しかし、彼の著作から私の意図を正確に説明する一例をひくことをダーシー神父は許して下さると思う。彼は練達の哲学者であるがゆえに哲学者を耐えしのぶよう当然訓練されているであろう。そしてまた練達の司祭として、彼は当然愚か者を喜んで耐えるばかりでなく、(時としてさらに困難な)賢い人びとをすら喜んで耐えることに慣れているであろう。特に、形而上学に対する彼の広範囲の読書の結果、彼は愚行に耽っている時の賢人たちをも忍耐しうるようになったであろう。その結果、彼は、次のような平静な、いや口あたりのいい文章さえ書くことができる。「聖トマスの目的・方法とヘーゲルの目的・方法との間には、ある類似性が認められる。しかし、驚くべき相違点もある。聖トマスにとって矛盾が共存するのは不可能であり、現実性と可知性とは照応するが、事物は第一に知力によってとらえられるためには存在しなければならない。」

この言葉にさらに付け加えて市井の男が、「顕著な相違は、聖トマスが正気で、ヘーゲルは狂気であった点であるように思われる」と言うとしても、彼を許そうではないか。このような低能はヘーゲルが存在すると同時に存在しないこと、また理解すべきヘーゲルが存在しないのにヘーゲルを理解する可能性があることを認めることを拒むのである。だが、ダーシー神父は、それがまったく日常の仕事の一部であるかのように、ヘーゲル流の逆説に言及するのである。もしその仕事というのが、彼が読んだように探究的に共感的に近代の哲学者たちを全部読むということならば、それは当然のことではある。これこそは近代の哲学はつまづきの石から出発すると述べた際に私の意味したところである。反対命題は両立しえないことはないとか、ものは知力でとらえうるが、それでいてまったく存在しえないこともありうるとか述べることには一種のねじれがあるように見える、と言っても言いすぎにはなるまい。

これに反して、聖トマスの哲学は卵は卵であるという普遍的な共通の確信にもとづいているのである。ヘーゲル派はそれが生成（Becoming）という無限の発展の一面であるという理由から、卵は実は牝鶏だというかもしれない。バークレイ派は、落とし卵は、夢が存在するように存在するだけだと主張するかもしれない。卵を夢の原因というのが容易なように、夢が卵の原因だというのは容易だからである。プラグマティストはそれらが卵であったことを忘れ、ただかきまぜたことだけを記憶することによって、かき卵から最大の利を得ると信じるかもしれない。ところが、聖トマスのいかなる門弟も卵を十分に腐らせるために、自分の頭まで腐らせる必要はないのである。さらに卵を眺めるため頭を特別な角度にしたり、卵を新たに単純化する目的でそれを横目で見るとか、片方の目でウィンクする必要もないのである。トマス主義者は、人間の同胞愛という明るい日の光の中に立って、卵は牝鶏ではなく、夢でもなく、単なる実用的な仮定でもなく、実に感覚という、神からの権威によって証明されたものであるという共通の意識を持っている。

かくて、他の問題におけるトマス哲学の形而上学的深さをよく理解する人びとですら、実在に対する認識という第一義的な行為を真なりとわれわれは証明できるか、という、大ぜいの人が形而上学の重要問題とみなしている問題をトマスがまったく扱っていないと言って驚きを表明している。それに対する答えは聖トマスはその後多くの近代の懐疑論者がむしろ念入りに疑い始めたような事柄を、実はすんなりと承認していた、そして人はこの問題に対して「然り」と答えるか、それともいっさい答えないか、質問をいっさい提出しないか、知的な意味ではまったく存在すらしていないために質問を提出したり答えたりはしないか、そのいずれかにちがいない、ということになる。思うに人が根本的な懐疑家であるというのは、ある意味で真実である。しかし、それ以外の何ものでもありえない。確かに、根本的懐疑主義の弁護者ですらありえないのである。もしも、人が自分自身の精神の働きは無意味であると感じるなら、彼の精神も無意味であり、彼自身もまた無意味である。そして彼の意味を発見しようとすることにも何の意味もない。大半の根本的な懐疑家が生き残っているように見えるのは、彼らの懐疑に首尾一貫するものがなく、実は少しも根本的ではないからである。彼らは初めにあらゆるものを否定し、次いで、議論のため、もしくは議論せずに攻撃に入るためではあるが、若干のものは肯定する。先日、私は決定的懐疑論を表明する人物の、本質的に軽率というべき、たまげた意見表明の実例が新聞紙上に掲載されているのを見た。彼は唯我論以外のものは何も受け入れないと書き、それに付け加えて唯我論こそはより一般的な哲学だとしばしば考えてきたと述べている。さて唯我論とは、自己の存在だけを信じて、他の人、あるいは他の物の存在をいっさい信じないという意味である。そしてこの単純な詭弁家の頭には自己の哲学が真理だとしても、その哲学を信奉してくれる哲学者が他には明らかにひとりもいないということは思い浮かばなかったのであろう。

「何かが存在するか」という質問に対して聖トマスはまず「然り」と答える。しかし、初めに「否」と答えれば、それは初めではなく終わりである。これこそわれわれのあるものが常識と呼ぶところである。いっさいの哲学、いっさいの哲学者、いっさいの思想家、いっさいの思想、いっさいのものが存在しないか、それとも精神と実在との間に真の掛け橋があるかどちらかである。トマスは第一段階の含む意味については、多くの思想家よりも、いわんやたいていの合理主義や唯物主義の思想家よりも厳格ではなかったのである。彼はその第一段階が、明白にわれわれを越えているものとしてのエンス（Ens）、ないしは存在（Being）の認識を含んでいると述べることで満足している。エンスはエンスで、卵《エッグ》は卵である。すべての卵が雌馬の巣の中に見出されるというような架空の発見は論理的ではない。

むろん、聖トマスの著作が理解しやすいという意味で簡明、直截だと主張するほどに私は愚かではない。自分自身では少しも理解できない章句がそこにはある。私よりもはるかに学識があり、論理的な哲学者を困らせる章句もある。最も偉大なトマス学者たちでもなお意見がわかれ、論争する章句もある。だが、それは読むこと、理解することのむずかしいものについての問題であって、理解された時受け入れることのむずかしいものについての問題ではない。それは、「猫がマットにうずくまっている」という文章が中国の漢字で書かれているとか、「メリーには小羊がいる」という文章がエジプトの象形文字になっているという問題にすぎない。ただ私がここで強調したいのは、トマス・アクィナスがつねに簡明を重視し、当り前の自明の理を、当り前の人が受け入れることを支持しているという点である。たとえば、私の非常に不十分な判断力では最も不明な章句のひとつは、彼が、精神はどうして、外界のひとつの対象――単にその対象の印象だけではなく――を確信するか、そして、単に印象を通してだけではないけれども、どうして概念を通して対象に明白に到達するかを説明している個所である。ここでの唯一の重要点は精神が外界の対象を確信しうるということを彼が説明しているということである。彼の結論はいわゆる常識の結論であるといえば、本書の目的のためには十分であろう。つまり、彼の意図は常識を正当化することなのである。たとえ彼がそれをどちらかといってなみなみならぬ巧妙さをたまたま備えている章句によって試みたとしてもである。彼以後の哲学者の問題は、結論が証明と同じくらい難解ということ、つまり結果は混乱でしかない結果を導き出したということなのである。

不幸にも、かく言う市井の人間とスコラ学の天使（聖トマスは天使的博士と呼ばれた）との間には、先に大釘のついた高い煉瓦の塀が建っていて、多くの点で同じことのために戦う二人の人間をへだてている。この塀は、歴史的偶然ともいうべきものであり、今日普通人の要求には必ずしも影響を与えず、しかも普通人の最大の要求、つまり正常な哲学に対する要求には最も影響を及ぼさぬ理由によって、少なくともかなり昔に建てられたものである。第一の困難は、単に中世的な意味ではなく近代的な意味における形式の相違である。まず単なる言語という障壁があり、次に、論理的方法というもっと微妙な障害がある。だが言語そのものは非常に重要である。翻訳された場合でもそれは依然として外国語であり、他の外国語についてもそうであるように、下手に翻訳されている場合が多い。時代を異にし、国を異にする外国文学を考えてみればわかるが、言語というものはすべて、単なる旅行者用の会話の本の訳語のように、単語を単語で置き替えるだけではどうしようもないある雰囲気を持っているのである。たとえば聖トマスの哲学体系全体がひとつの巨大で、しかも素朴な観念にもとづいていて、しかもその観念は実に存在するすべて、さらに存在する可能性のあるすべてを包含しているのである。彼はこの宇宙的な概念をエンスという語で表わした。ラテン語を読める者ならどんなに下手な人でも、その語がぴったりしたふさわしい語だと感じるであろう。一篇のすぐれたフランス語の散文において一つのフランス語の単語でそれを感じるのとまさに同じように。問題は論理にのみとどまるべきであるのに、言語の問題でもあるという点である。

不幸にもエンスという語に対する満足すべき訳語がないのである。問題は論理の上というよりもむしろ語句の上の問題で、しかも実際上の問題である。私が言いたいのは、翻訳者が英語でビーイングという時には別の雰囲気が生じることにわれわれが気づくということである。知性に属するこれらの絶対的なるものに対して、雰囲気というものは影響を及ぼすべきではないのだが、事実としては影響するのである。熱心といってよいほどに理性を敵として戦う新しい心理学者が倦むところなくわれわれに告げるところによれば、われわれの用いる言葉は、われわれの潜在意識により、われわれが意識から排除しようと思ったものをもって彩られていることになる。最も美しい詩の場合と同じく、最も飾り気のない散文においてすら、語の形態や音韻が相違を生じることを認めるためなら、われわれは近代の心理学者のように観念論的に不合理である必要はない。数学のような抽象科学の場合でさえ、想像力が無関係な連想を想起するのを妨げることはできない。急に歴史から幾何の勉強にひっぱりこまれた末弟のジョーンズは一瞬、二等辺三角形の角（Angles）から、『アングロ・サクソン年代記』のアングル人（Angles）を連想するかもしれない。また老練な数学者ですら、もし彼が精神分析学者の希望する程度に狂っているなら、潜在意識の根底において、根に関する彼の観念に具体的なものを持ち込んでいるかもしれない。さて、ビーイングという語が、近代のイギリス人の耳に入る時、近代の連想を通じて、短く鋭いラテン語の単語には存在しない一種の曖昧な雰囲気を生じるのである。おそらくそれは小説中の風変わりな教授たちが、手を振って「このようにしてわれわれは純粋で輝かしいビーイングの言うに言われぬ高みに達するのである」というのを思い起こさせる。さらに悪いことには、実生活での現実の教授たちが「すべてのビーイングはビカミング（Becoming）であり、ビーイングの法則により、非ビーイングの進化したものにすぎないのである」と言うのを思い起こさせる。おそらくそれは古い恋愛小説中の「美しき、おろがみまつるべきビーイング（存在）よ、わがビーイング（存在）の光と息吹きよ」という、ロマンティックな熱狂的詩句を思い出させるのである。そこにはともかく的外れで不鮮明な響きがある。非常に曖昧な人びとだけが、その言葉を用いるかのように、その語があらゆる種類の異なった事柄を意味するかのように。

さてエンスというラテン語は、エンド（End）という英語に似た響きを持っている。それは物事が終わる、ぴしゃりとした感じをもっている。それはそれ以外の何ものでもない。かつてアクィナスのようなスコラ学者をあざけって、愚かにも「彼らは天使が針の先に立てるかどうか議論している」などと称することがはやった。アクィナスの用いるエンスというこの第一の言葉が針の尖端のように鋭いのは、少なくとも確かである。これもまたほとんど理想的な意味でのひとつのエンドなのである。だが、聖トマスがビーイングという観念に根本的にかかわっているとわれわれがいう場合には、哲学的というよりも、むしろ修辞学的な種類の観念論的な著作の中でわれわれが慣れっこになったり、飽き飽きしたりしているもっと曖昧な概括の仕方をわれわれはいっさい認めてはならない。修辞学というものは、中世の学者がよろこんで認めたであろうように、また彼が学校で論理学と並べて教えたであろうように、所を得しむればつねに非常に立派なものである。だが、聖トマス自身は少しも修辞的でない。おそらく彼は十分なだけ修辞的であるとすら言えないのである。アウグスティヌスにはいくらでも華麗な語句があるが、アクィナスには皆無である。一定の機会に詩を作ったことはあるが、雄弁術を試みたことはめったになかった。彼はある種の近代的傾向にはほとんど無縁であったので、彼が詩を書くといつでも彼はその中に現実に詩を投入したのである。このことには後に注目するが、別の面もある。たとえば、ダンテの詩に大いに霊感を吹き込んだように、詩に霊感を吹き込む哲学が特別に彼にはあった。哲学のない詩は、ただの霊感か、もっと俗な言い方をすれば、ただの空言にすぎない。トマスにはいわばイマジェリのない想像《イマジネーション》力があった。これはおそらくあまりにも雑駁な言い方であろう。真の哲学でもあり、詩でもあるのだが、生ける果実の重みのために大いに謙虚になって枝を垂れている生命の木、というアクィナス的なイメージがある。ダンテなら大いなる黄昏でもってわれわれを圧倒し、神聖な果実でわれわれを飽かせようとしてそれを描くことができたであろう。だが普通は、彼の書物が長い時にも、彼の語は短いと言うことができる。エンスという語は平易な英語よりラテン語のほうがなお平易だという実例のひとつであるがゆえに私はこの語を例に取ったのである。彼の文体は聖アウグスティヌスや多くのカトリック教会の博士たちの文体とは異なって、いささか色彩を欠いている。それはしばしば理解困難であるが、それは主題が非常にむつかしいために彼自身のような人でなければ、誰も問題を十分に理解できなかったからである。彼は知識なしに語を用いたり、さらに筋の通ったことには想像力や直観にのみ属する語を用いることによってそれを難解にすることは決してない。方法に関するかぎり、おそらく彼はすべての「人の子ら」のうち唯一の真正の合理主義者なのである。

　このことからわれわれは論理的方法というもうひとつの困難に突きあたる。私は三段論法がわかりにくいとか、古びてしまったとか人に思われている理由がわからない。いわんや、帰納法が何となく演繹法に取って代わったという言い方で何が意味されているのかもわからないのである。演繹の要点は真実の前提が真実の結論を生じるということである。帰納と呼ばれているものは、ただより多くの真実の前提を集めること、あるいはおそらくはある物質的な物事において前提が真実であるかどうかを苦労して調べるということを意味するにすぎない。中世人が火とかげや一角獣について非常に少ない前提から導き出したよりもより多くを、近代人が非常に多くの前提から微生物や小惑星について引き出せるのは事実であろう。だが、データからの帰納の方法は中世人にも近代人にも同じである。誇り高く帰納と呼ばれているものは、ただデータをより多く収集することにすぎないのである。アリストテレスでもアクィナスでも五感の満足な人は誰でも、当然、前提が真実な場合にのみ、結論も真実であるということに同意するであろうし、また前提が真実であればあるほどますますよいということにも同意するであろう。旅行や実験の条件が今よりも未発達であったために、真実の前提の数が十分でなかったことは中世文化にとって不幸であった。しかし旅行や実験の条件がどんなに完全でも前提をつくり出すことしかできない。さらにその上に結論を引き出すということが必要なのである。しかし多くの近代人は彼らのいわゆる帰納法は、あの恐るべき昔ながらの三段論法をぜんぜん使用せずに、結論を導き出すための何か魔術的な方法であるといったような言い方をする。だが、帰納は結論にわれわれを導かない。帰納はただ演繹への通路である。三段論法の最後の三つの階段が正しくなければ結論はまったく誤謬なのである。このようにして十九世紀の偉大な科学者たち――彼らを尊敬するように（「科学の結果を認めること」とそれはつねに呼ばれていた）私は教えられて育った――は、外に出て空気や大地や化学物質や気体をアリストテレスやアクィナスよりも疑いもなくくわしく点検したのち、帰ってきて、三段論法によって最後の結論を出したのである。「すべての物質は分割不可能な微粒子からできている。しかるに私の肉体は物質からできている。ゆえに私の肉体は分割不可能な微粒子からできている。」以上は推理の形式上、間違ってはいない。これ以外に推理の方法はないからである。この世の中には三段論法以外には何もない。あるとすれば誤謬だけである。しかし、中世人が知っていたのと同じくこれら近代人も、前提が正しくなければむろん結論も正しくないことは承知していた。そしてこの点から問題が生じたのである。というのは科学者やその息子や甥たちは、外に出てもう一度物質の微粒子的性質を調べた。そしてそれが考えられていたような微粒子でないのを発見して驚いたのである。そこで彼らは帰ってきて、三段論法をもって、その調査過程を次のように最終的に要約した。「すべての物質はぐるぐる回る陽子と電子からできている。しかるに私の肉体は物質でできている。ゆえに私の肉体はぐるぐる回る陽子と電子からできている。」これも結構な三段論法である。もっともそれが真実の前提と真実の結論であるかどうか知るには、さらに二度三度と物質を調べ直さなければならないであろうが。しかし真理をさぐる決定的方法としては、正しい三段論法以外のものはない。それ以外の方法といえば、今流行の次のような耳なれた誤った三段論法である。「すべての物質は陽子と電子とでできている。精神も物質と大体同じものだと私は大いに考えたい。ゆえに私はマイクロフォンかメガフォンを通して私の精神は陽子と電子からできていると宣言したい。」だが、これは帰納法ではない。これは大間違いの演繹にすぎない。これはもうひとつの新しい思考方法ではなく、単なる思考の停止にすぎない。

ここで私が言いたいのは、そしてはるかに理にかなっているのは、昔の三段論法家たちは、時として長々と三段論法を展開したということである。これは確かに必ずしも必要ではなかった。人は昔のやり方よりももっと早く三段論法の三つの階段を駆け降りることができる。しかし三つの階段がそこになければ駆け降りることはできない。もし駆け降りたら、四階の窓から飛び降りるのと同じように首の骨を折ってしまうであろう。帰納と演繹を対立するものとする誤った考え方について、事実を述べれば次のようになる。前提もしくはデータが積み重ねられるにつれて、重点が前提やデータが導き出すべき最後の演繹から前提やデータそのもののほうに移されてしまう。だが、つまるところは最後の演繹に達したか、またはどこにも達しなかったかのいずれかである。論理家は電子や微生物について語るべきことがたくさんあったので、これらのデータを最大に熟考したのち、最後的な三段論法を短くしたり、あるいはやってのけたふりをした。だが、かりに彼が正しく推理したとすれば、どんなに急いで考えたとしても、彼は三段論法で考えたのである。

実のところ、アクィナスはつねに三段論法的に論じたのであるが、必ずしもつねに三段論法の形式を踏んで論じたわけではなかった。つまり、あらゆる場合に三段論法の三つの階段を展開したわけではないのである。彼がいつもそうしたというのは、ルネサンス期の根も葉もないたいていは証拠もない伝説の一部分である。スコラ哲学者は皆、難解で、機械的な中世の退屈男どもだ、というのもまた同じである。ともかくトマスの議論はある種の厳しさを帯び、装飾を軽んじており、そのため、とりわけ現代風の機知とか幻想を求める人には退屈に思われるかもしれない。それは本章の初めに問われ、本章の末尾で答えるべき必要のある質問、つまり、トマスは何のために議論したのか、という問題とは無関係である。この点では繰り返し強調して、彼は、常識のために議論していると言おう。一般の人びとにとって、今日でも一番重要な常識のために彼は議論したのである。「見ることは信じること（百聞は一見に如かず）」、「プディングは食べてみなければわからない（論より証拠)」「ひとは自分自身を議論で打ちまかすことも、自分自身の存在の事実を疑うこともできない」といった、世に知られた諺のための議論だったのである。彼は、抽象概念を用いてこの見解をうまく説明するのであるが、その抽象概念も、エネルギーとか進化とか時空とかが抽象的でないと同じように抽象的ではない。またその抽象概念は、エネルギーとか進化その他がしばしばそうであるように、われわれの日常生活に関する絶望的な矛盾の中にわれわれを陥れることはない。プラグマティストは、出発点では実用的であるが、やがて彼の実用性は変わって完全に理論的になってしまう。トマス哲学者は、出発点は理論的であるが、その理論は変わって完全に実際的なものになるのである。だからこそ、今日、世界の多くの人がトマス哲学に帰って行くのである。

最後にもうひとつそれがラテン語であるという当り前の事実から離れて、外国語という事実には本当に困難な要素がある。近代哲学の術語は必ずしも日常の英語とぴったり一致するとはかぎらない。また中世哲学の術語は近代哲学の術語とすらまったく一致しないのである。主要な術語の意味を学ぶのはさしてむずかしくはないが、中世紀での意味は時として近代の意味の正反対である。その顕著な実例はフォーム(form)という重要語である。今日、われわれは「僕は学部長に儀礼的《フォーマル》な詫び状を書いた」とか「われわれがティップ・キャット・クラブを閉じた時の議事はまったく形式的《フォーマル》であった」とか言う。そこで用いられたフォーマル（formal）の意味は「うわべの」というほどのことである。聖トマスがそのクラブの会員であったら、意味はまったく反対になったであろう。トマスの意味では、議事はそのクラブ全体の心と魂と秘密とを取り扱うものであったろうし、学部長に対する詫び状は真実の痛悔の涙で胸も張り裂けんばかりの、衷心からの詫び状だったであろう。というのは、トマス哲学の用語でのフォーマルというのは「現実の」という意味、もしくは「物をそのものたらしめる真に決定的な特色を持つ」という意味を持っているからである。おおまかに言って、彼が物は形相（Form）と質料（Matter）とからできているという場合、彼は、質料とは神秘的で無限で特徴のない要素であり、物にその独自性の刻印を付与しているものが形相である、ということを正しくも認めているのである。質料は、いわば固体状のものというよりは、むしろ宇宙の中の液状ないし気体状のものであって、この点ではたいていの近代の科学者も彼に賛成し始めている。しかし形相とは事実なのである。それは煉瓦を煉瓦たらしめ、胸像を胸像たらしめるもので、煉瓦にも胸像にも作れる無形の踏みつけられた粘土ではないのである。ゴシックの壁がんの中に置かれた小像をこわした石ももとはまた小像だったのかもしれないが、化学的に分析してみれば、破損を受けた小像もまた石にすぎない。だが、このような化学的な分析は哲学的分析としてはまったく誤謬である。実在、その二つのものを現実たらしめているものは、像という観念と像の破壊者という観念の中にある。以上はトマス哲学の用語の特色のうち、ふと思いついた一例を述べたにすぎないが、トマス哲学の思想の真相を示すための下手な手ほどきの実例にはなっていないと思う。芸術家はすべて形式《フォーム》は表面上のものでなく、根本的なものだということ、形式が基礎であることを知っている。彫刻家はすべての形式が彫刻の外面ではなく、むしろ彫刻の内面であり、否、彫刻家の内面という意味でそうなのであることを知っている。詩人はすべてソネット（十四行詩）の形式《フォーム》は詩の形式であるばかりでなく、詩そのものだということも知っている。中世のスコラ学者がフォームという言葉によって表わしたものが何かを理解していないような近代の批評家はひとりとして、スコラ哲学者に対し、知的対等者として対面することはできないのである。

七　久遠の哲学

人類学という言葉が下落して類人猿の研究ということになってしまったのは残念なことである。人類学という言葉は、一片の石が人間の骨か類人猿の骨かについての、先史学者間の（いろいろな意味での）つまらぬ論争をどうしようもないまでに連想させるのである。それは、時にかの有名なケースのように、結局、豚の骨だということがわかって落着することになる。こういう遺物に対する、純粋に物質的な科学があるのは当然であるが、普通使われているその名称は、類推上当然、もっと広くて深いだけではなく、もっと関連性をもったものに捧げられて然るべきであったろう。アメリカにおいては、新しいヒューマニストたちは、古い人道主義者たちに対して、あなた方の人道主義は、物質的条件とか食欲とか経済的要求とか環境などという特に人間的でないものに主として心をそそいできたと指摘しているが、ちょうどそのように、実際上、人類学者と呼ばれている人たちは特に人類的でない物質的な物に精神を限らなくてはならないのである。彼らは歴史と歴史以前とを探究して、明らかにホモ・サピエンス（叡智人）ではなく、事実上、つねにシミウス・インシピエンス（愚かしき類人猿）とみなされるものを探さねばならない。ホモ・サピエンスはサピエンティア（叡智）と関連づけてのみ考えられるのであり、聖トマスの著作のごとき書物だけが実際にサピエンティアという固有の理念に捧げられるのである。つまり、神学に相応じる人類学という名の真の研究が存在すべきなのである。この意味で聖トマスは他の何ものであるよりも先に、偉大な人類学者なのである。

生物学と関連して人間の真の研究に従事しているすべての卓越せる科学者に対して本章の冒頭の言葉のぶしつけさをお詫びしたい。しかし通俗科学の領域では人間の研究を野蛮人の研究に変えようという、何とも釣り合いのとれぬ傾向があることを、一番否定なさらぬのはこれら科学者だと私は思う。野蛮は歴史ではない、それは歴史の初めか終わりかのいずれかである。あまりにも多くの教授たち、人類学を研究しようと思っているけれども、人食い人種を越えて先に行けないでいる教授たちが、このようにして繁みや密林の中で迷うていることに、最も偉大な科学者なら賛成して下さるであろうと思う。だが、私が、より高等な人類学の提唱を始めるにあたって、安価な通俗科学に対する私の抗議の中に含まれているように見えるけれども、実は含まれてくれない純粋の生物学者たちに、お詫びの言葉を述べた理由が私にはある。それは、人類学者としての聖トマスについて、第一に言えることは、彼が近代一流の生物学的人類学者、つまり自らを不可知論者と名乗る種類の人びとに驚くべきほどに類似していることだからである。この事実は非常に重要な歴史上の転換期を画するものであるから、その歴史は想起し、記録される必要がある。

聖トマス・アクィナスは不可知論という言葉を発明した不可知論者たる偉大なハックスレイ教授〔イギリスの生物学者。一八二五―九五〕によく似ている。議論の始め方が彼のやり方にそっくりなのである。ハックスレイの時代が来るまで、トマスに似た人は後にも先にもいなかった。彼は、「行ける限り理性に従う」というハックスレイの不可知論的方法の定義をほとんど文字通りに採用しているのである。ただし問題は――それがどこへ行くかである。彼は「知性の中にあるすべては感覚の中にある」と言う、ほとんど驚異に値するまでに近代的で唯物主義的な言葉を述べている。これこそ近代の科学者、いや今では科学者とはおよそ呼べない近代の唯物論者と同一の彼の出発点なのである。彼は単なる神秘家とは正反対の端に立っていた。プラトニスト、いや少なくともネオ・プラトニストは精神は完全に内から照らし出されるという見解をとる傾向がある。聖トマスは、精神は感覚の窓という五つの窓によって照らし出されると主張するのである。しかしながら、彼は内側にあるものを照らし出すために、外側からの光を必要としたのである。彼が研究しようとしていたのは、人間の本性であって、窓を通して見える苔や茸の性質だけではなかった。そのことを彼は人間の第一の啓蒙的経験として評価した。この点から出発して彼は人間という家屋を一段一段、一階一階と昇り、ついには最高の塔の上に出て、最大の眺望を得たのである。

言い換えれば、正しいか、誤っているかは別として、彼は人間についてのひとつの完全な学説を持った人類学者である。さて、不可知論者と自称する近代の人類学者は完全に人類学者となることに失敗した。彼らの限界の下では、自然についての完全な理論はいうまでもなく人間についての完全な理論を持つこともできなかった。彼らは知りえざるものと呼ぶあるものを閉め出すことから仕事を始めた。知りえざるものを究極という意味で実際に理解できるならば、把握しえざることもほとんど把握しえたことになる。だが、あらゆる種類のものは知りえざるものであって、それはまたまさしく人が知らねばならぬものであるということがたちまち明らかになった。人間は責任あるものか、ないものか、完全なものか、不完全なものか、完全になりうるか、不完全にとどまるか、死すべきものか、不死なのか、運命づけられているのか、自由なのか、知らねばならない。それは神を理解するためではなく人間を理解するためである。これらのことを宗教的懐疑の雲の中に放置してかえりみないようなものはとうてい人間の学ではありえない。そのようなものは神学からしりごみするのと同様に完全に人類学からもしりごみするのである。人間は自由意志を持っているか、彼の選択という感覚は幻影なのか。彼は良心を持っているのか、彼の良心には何か権威があるのか。それは部族的な過去からの偏見にすぎないのか。人間の理性によってこれらの問題を解決する現実的希望はあるのか。理性には権威があるのか。人間は死を最終とみなすべきなのか。人は奇跡的な助けを可能と考えるべきなのか。さて、以上の問題は智天使と熾天使の区別とか聖霊の発出とかと同じようにいかなる漠然たる意味においても、知りえざることであるとするのは完全なナンセンスである。スコラ学者は熾天使と智天使の後を追うてわれわれの及ばないところまで飛び出して行ったかもしれない。だが、人には選択することができるのか、人は死ぬのかどうかを問うにあたって、彼らは、猫はひっかくかとか犬は匂いを嗅ぐかというのに似た博物学上の日常的な質問を発していたのである。完全な人間の学であると自称するところのものはこの問題を避けて通ることはできない。しかも、偉大な不可知論者たちは避けてしまったのである。自分たちには科学的な証拠がないと彼らは言ったかもしれない。それでいて彼らは科学的な仮説さえ提出できなかった。彼らが通常持ち出したのは根拠のない非科学的な反駁なのであった。大半の一元論的モラリストは人間には選択の自由はないと簡単に言った。だが、人間は選択の自由を持っているもののごとくに英雄的に考え、行動しなければならぬ。ハックスレイは道徳を、そして、厳密に言えばヴィクトリア朝の道徳を超自然的なものにしてしまったのである。彼は道徳には自然を越える専制的な権利があるといった。それは有神論に立たぬ一種の神学であった。

聖トマスがなぜ天使博士と呼ばれたか私にははっきりわからない。天使の気質を持っていたからか、天使の知性を持っていたからか、それとも彼が天使の問題――特に針の先の問題に熱中したという伝説が後年に生まれたからなのか……。そうだとしても、どうしてそのような考えが出てきたのか私にはまったくわからない。それ以外には何もしたことがないかのように、誰かに対して何かに関連したレッテルを貼るという、はなはだしい習慣の実例は歴史上数多く見られる。辞書を作る以外何ひとつしなかったかのようにジョンソン博士〔イギリスの文学者。一七〇九―八四〕のことを「われらが辞書編纂者」と呼ぶ空しい習慣を始めたのはいったい誰だったのだろう。なぜ多くの人は、パスカルの大きく広い精神と取り組む際に、その最も狭い論点、つまり、イエズス会士に反対するヤンセン派の悪意でもって大釘のように心をとがらせたあの論点にばかり固執するのであろう。アクィナスに専門家のレッテルを貼るのは博識家としての彼を漠然とみくびることになったかもしれない。それは文学者や科学者を矮小化して評価するためのごくありふれたトリックだからである。聖トマスは人を敵として扱うことはほとんどなかったであろうが、現実にはかなりの敵をつくったにちがいない。不幸にも、よい気質のほうが、悪い気質の場合よりも人をいらだたせることがある。結局、彼は多くの中世紀の人が考えたであろうように大きな害を、しかも奇妙なことには両側に大きな害を与えたのである。彼は、アウグスティヌスに対しては革命家であり、アヴェロイスに対しては伝統主義者であった。ある人には、彼は、プラトンの共和国にも似た神の都の古き美しさを破壊しようとしているように見えたのかもしれない。彼は、また別の人には、すべてを薙ぎ倒しつつ進撃してくるイスラムの軍勢に対して、さながらエルサレムを襲撃するゴドフロワ〔下ロレーヌ公。一〇六〇頃―一一〇〇〕のそれのように劇的な打撃を与えたかに見えたであろう。これらの敵は、あまりほめぬということをもって非難に代えるという方法で天使に関する尊敬すべき彼の小著のことを語った可能性がある。それはたとえて言えば、ダーウィンについてその珊瑚虫に関する論文は信頼できるとか、ミルトンのラテン詩のあるものは信用できるとか、人が言うのと似ていた。だが、これは単にひとつの推量にすぎない。別なふうに推量することはいくらでもできる。私は、聖トマスが天使の性質に特に興味を抱いていたのは、彼が人間の性質にいっそう興味を持ったのと同じ理由からであったと考えたい。それは彼の全体系――より高い自由とより低い自由のハイアラーキー――を貫いて流れる、従属的で半ば依存的な事物への強い個人的興味の一部であった。彼が人間の問題に対するように天使の問題に興味を抱いたのは、それがひとつの問題、特に中間的存在者というひとつの問題だったからである。神よりも下で人間よりも上であるこのはかり知れぬ知的な存在者の中にあると彼が考える神秘的な特質について、私はここで取り扱うつもりはない。その独自な段階の理論を発展させるにあたって、この神学者が主としてかかわっていたのは、鎖の一環、階梯の一段の持つこの特質であった。なかでも、人間の中心的神秘を魅力的に感じた時に、彼の心を主として動かしたのは、まさにこのものだったのである。彼にとって、要点はつねに、人間は空に上って行く風船ではなく、大地の中に単にもぐっているもぐらでもなく、むしろ根を地中にはって養分をとり、星に向かって、もっとも高く枝を伸ばしているように見える樹木に似ているということであった。

単なる近代の自由思想なるものが、自らをも含めてあらゆるものを曖昧にしてしまったことはすでに私は指摘した。思想は自由であるという主張は、第一に意志は自由であることを否定することになった。だから、そのことに関してすら決定論者の間には真の決定はなかった。実際彼らは、実は自由ではないのに自由なものとして意志を取り扱うように人に告げた。言い換えれば、ブラバンのシゲルスの二重の精神という古い異端そのままに、人間は二重生活をしなければならぬということになる。言い換えれば、十九世紀はすべてのものを混乱《カオス》に陥れたのである。そして二十世紀に対するトマス哲学の重要性は、それがわれわれに秩序ある宇宙《コスモス》を回復してくれるかもしれない点である。トマスが不可知論者のように宇宙の地下室から出発して、宇宙の塔までのぼって行った様子を、ここにわれわれは大ざっぱながら描いて見ることにしよう。

このように限られた紙数の中でトマスの重要な理念を包括的に扱うことは避けて、私が子供のころから意識的・無意識的に自分自身で知っていたと思う根本的な問題について、粗末ながら所見を述べることを許していただきたい。子供部屋から子供が外を眺めて、たとえば、庭の緑の芝生を見るという時、彼は実際何を知っているのだろう。また、何かを知っているのであろうか。この問題をめぐって、あらゆる種類の子供部屋のたわむれのような論争が否定の哲学によって行なわれた。卓越したひとりのヴィクトリア朝の科学者は、喜色を浮かべて、子供は芝生なんかまったく見てはいない、ただ、人間の眼の小さな鏡の中に一種の緑色の霧が映っているだけだと言った。こういう合理主義はほとんど狂気の沙汰と思われるまでに不合理だという印象を私はいつも受けた。もし彼に窓ガラスを通して見る芝生の存在が確信できないなら、どうして科学者は顕微鏡のレンズを通して見る網膜の存在を確信できよう。もし視覚が欺くというのなら、なにゆえ視覚はつねに欺きつづけないのだろう。別の学派の人たちは芝生は精神に映ずる単なる緑色の印象だと答える。そしてその子供というものは精神以外には何も確信できぬものだという。子供は自分の意識を意識できるだけだと彼らは断言する。それこそは、偶然ながら、子供にはまったく意識できないということを誰でもが知っているまさに唯一の実例なのである。その意味では、意識的な子供はいるが芝生はないというより、芝生はあるが子供はいないと言ったほうがはるかに真実に近いであろう。聖トマスは突然子供部屋の論争の中に介入して、力強く、子供にはエンス（存在）がわかると言ったのである。芝生が芝生であり、自分が自分であることがわかる以前から、子供はものはものであることを知っているのである。テーブルを叩いて力強く、「あるということがあるんだ」と言うのが最善の論である。これこそは論の出発に際して、聖トマスがわれわれに要求する最大限の「修道士らしい信じこみやすさ」である。いやしくも不信者なら、こんなふうに、最初に、これほどわずかのものしか信ずることをわれわれに要求しないということはあるまい。それにもかかわらず、彼は、これまでうまくくつがえされたことのない長い論理を展開してキリスト教の全宇宙的体系を実在のこの鋭い針の先に打ち建てるのである。

かくて、アクィナスは、非常に深いが、非常に実際的な意味で、この肯定の理念と同時に否定の理念がただちに入りこんでくると主張する。否定と肯定とが両立しえないのは、子供にでもすぐわかるところである。その子が眼にするものを、芝生と呼ぼうと蜃気楼と呼ぼうと、感覚と呼ぼうと意識の状態と呼ぼうと、彼がそれを見る時に、見ていないというのは嘘だということを知っている。見るにせよ、夢みるにせよ、印象を意識するにせよ、本人のしていると思われることをどのように他人が呼ぼうと自由だが、とにかくそれを行なっているのであれば、行なっていないというのは嘘だということを本人は知っているのである。だから、存在（Being）という第一の事実を超えて、すでに何かが入ってきているのである。かくて、事物が存在すると同時に存在しないというようなことはありえないという、第一の根本的信条ないしは命令がそれには影のようにつきまとうのである。そこでありふれた平易な言葉でいうと、「嘘で本当」というものがあるのである。私が平易な言葉で述べるのは、実は、存在は厳密にいって真理そのものと同一ではない――真理を知るということとは、評価する能力のある精神による存在の評価を意味するにちがいない――ということを指摘する場合以上に、アクィナスが難解であることはないからである。だが、一般的な意味で、原始的な純粋の現実の世界に究極的なたぐいの戦いを世界に持ちこむ分裂とジレンマ、イエスとノーとの永遠の対決がすでに入りこんできた。これこそはこれを単に逃れようとして、多くの懐疑家が宇宙を暗くし精神を解体してしまったジレンマである。彼らはイエスでもノーでもあるものが存在することを主張する人びとである。彼らが、イエス（Yes）とノー（No）とをいっしょにして、イョー（Yo）と発音するのかどうか私は知らない。

現実とか確実性とか平易な言葉でいろいろに表現できるものを、このように受け入れるという段階につづいて起こる次の段階を、平易な言葉で説明することは、きわめてむずかしい。それはまさしくほとんどすべての体系が誤る点であり、また第三の段階をとることにおいて、第一の段階を放棄してしまう点である。アクィナスは、われわれの事実に対する最初の感覚がひとつの事実であることを確証している。それを取消せば必ず虚偽に陥ることになる。だが、われわれが、現在知っているように、その事実、またはかずかずの事実を観察するようになると、多くの近代人が異様に不安にかられてそれらに関して懐疑的になってゆく原因ともいうべきひとつの妙な性格を、それらが備えていることを見てとるのである。たとえば、それらは、ひとつのものであることから変化して、他のものであることへと転ずる状態にある。もしくはそれらの持つ特質は他のものと相関的である。もしくはそれらは絶え間なく動いているように見える。もしくはまったく消滅するように見える。この点で、私が述べているように、多くの賢者たちは、いったん容認した実在の第一原理を失ってしまい、退いて言うであろう。変化以外には何もない、比較以外には何もない、流動以外には何もない、結局は何もかも存在しないのだ、と。だがアクィナスは実在の最初の認識の線にそって議論を逆のほうに展開させるのである。時として、生成(Becoming)に見えようとも、存在(Being)が存在(Being)であることは疑いを入れぬところである。なぜなら、われわれが見るのは、存在の完全さではない。あるいは、日常的な俗語を再び使ってもよければ、われわれは存在が、それがなりうる限りの最大限の状態になっている姿を見ることは決してないのである。氷は溶けて冷水となり、冷水は熱せられて湯となる。だが、一時に三者ではありえない。だからといって、水は本物ではないとか、相対的なものだということではなく、水の存在は一時に一者であるということに限られているというだけのことである。だが、存在の完全さとは、それがなりうるすべてのことである。それが存在しなければ、存在のそれより小さい形態、もしくはそれに近い形態はいかなるものとしても説明できない。無として説明し去る以外には。

この大まかなアウトラインは、哲学的というよりはむしろ、せいぜい歴史的であるにすぎない。このような理念の形而上学的証明を、このようなアウトラインの中に押し込むことは不可能である。特に中世形而上学の言葉を用いる場合にはそういうことになる。だが、哲学上のこのような区別は歴史上の分岐点として重大である。たいていの思想家は、存在のみかけの可変性を認識するや否や、存在に対する自分自身の認識は忘れて、ただ可変性だけを信じてしまったのである。彼らは、あるものが他のものに変わるとさえ言えない。彼らにとっては、その過程の中で、それがいやしくもものである瞬間はないからである。ものというものは変化にすぎない。これらの原則にもとづいて、ものがそれ自体である瞬間が過去にあったとか、将来あるだろうと述べるよりも、ものを無に変化する無と呼ぶほうが論理的であろう。聖トマスの主張するところによれば、普通のものはどの瞬間においても何かであるが、それは、それがなりうるすべてではないのである。それがそこにおいてなりうるすべてでありうるような、存在の完全さが存在する。こうして、おおかたの賢者たちが、最後的にまったくの変化以外には何もないという結論に到達した時に、聖トマスは、変化することのない究極のものに到達したのである。そのものは同時に他のすべてのものでありうるからである。現実には、無における変化であるところの変化を彼らが記述している間に、すべてのものの変化を含む不変性をアクィナスは記述する。ものは完全でないがゆえに変化するが、その実在性は完全なるあるものの一部としてのみ説明できる。それは神なのである。

少なくとも歴史的には、この急にまがった角をまわって、詭弁家たちはいたちごっこをしたのであるが、この偉大なるスコラ学者は経験と拡大の大道を通って、都を見、都を築いた。彼らは古いゲームの言葉でいえば、最初に思いついた数を撤回したため、始めたか始めないうちに敗けてしまったのである。ひとつの物か諸物かを認識することは知性の第一の行為である。しかし、あるものを検討してみて、固定した最後的なものでないとわかると、彼らはすべてのものは、固定してもいず、最後的でもないと推論した。こうして彼らはいろいろな仕方でもって、ものを、波動とか弱点とか抽象的な不確定とか、それ自体よりも薄手なものとして見始めたのである。聖トマスは、同じく乱暴な比喩を用いれば、もの、、をそれ自体よりも厚手なものと見た。そのことはそれらを事実として認めることから彼が出発したところの牢固としてはいるが二次的な事実よりもさらに牢固としたものであった。それらが実在的であることをわれわれが知っているので、それらの実在におけるとらえどころのない当惑させるような要素はいずれも実は非実在ではありえないし、間違いなく真の実在に対するそれらの関わり方にすぎない。唯名論から涅槃やマヤ（幻影）に、そして形のない進化論から精神のない静寂主義に至る、地上あまねく存在する数多くの人間的哲学は、このトマス哲学の鎖の最初の切れ目から出ている。つまり、われわれが見るものは、われわれを満足させないし、それ自体を説明もしないから、それはわれわれが見ているものですらないという考えである。そのような宇宙は名辞上の矛盾であって、自らを窒息させるが、トマスの哲学はそれから自分を切り離している。われわれが存在するものの中に見る欠陥は、それが存在するすべてではないということにすぎない。神は人間よりも物質よりもはるかに現実的なものなのである。というのは、神はその全力をもってすべての瞬間に死滅することなく活動しているからである。

最近、バーナード・ショー氏〔イギリスの劇作家、小説家、批評家。一八五六—一九五〇〕や聖パウロ大聖堂の主席司祭（後出のインジのこと）のごとき、輝かしい人たちの見解を含めて、奇妙な種類の宇宙的喜劇が演ぜられた。一口で言えば、多くの種類の自由思想家たちは、宇宙はそれまでにつねに存在していたのだし、その後もつねに存在して行くのだろうから、宇宙創造の必要などなかった、としばしば述べてきた。バーナード・ショー氏は、宇宙は初めから、いや初めなしに自らを創造しつづけてきたと考えたので、無神論者になったと述べた。インジ主席司祭〔聖公会の司祭、作家、ケンブリッジ大学の神学教授。一八六〇―一九五四〕は、のちになって宇宙に終末がありうるという考えを聞いて非常なうろたえを示した。中世紀のキリスト教徒は論理と理性とによって生きて行けたのに、伝統によって生きる近代のたいていのキリスト教徒は公審判の日をうばわれてしまうなどというのは恐ろしい考えだと漠然と感じたのである。（自分たちの考えが恐ろしいと人に言われて喜んでいる）大半の近代の不可知論者は、いっせいに、自分を生み出し、自力で存在している真に科学的な宇宙は、初めを持つ必要もなかったし、終わりが来るはずもない、とますます声を大にして叫んだ。ちょうどこの時、事実を検討していた専門家である真の科学者は、突然、岩礁があるぞと警告を発する船の見張人のように大声で、宇宙は終局にむかって進みつつあると叫んだ。彼はむろん素人の言うことには耳をかしていなかった。彼は自分の手で現実に、物質の構造を検討していたのである。そして宇宙は崩壊しつつある、またエネルギーと呼ばれる爆発がつづいていることによって、世界はやがて自らを吹き飛ばしてしまうこと必定である、またすべてが確実に終末に達するであろう、またすべてのものには初まりがあったであろう、と述べたのである。これは本当に大きなショックであったが、大きなショックを受けたのは正統思想家ではなく、非正統者の側で、後者は前者よりも簡単にショックに見まわれたといってよかろう。インジ主席司祭はあらゆる科学上の発見を受け入れる厳しい義務があるといって、年来正統主義者を説得してきた人物であるが、今や、このまことに気転のきかない科学上の発見に、実際に大声をあげて泣いた。そして科学の発見者たちにむかって、実際上、出て行って何か別なものを発見してもらいたい、と懇願したのである。信じられないことであろうが、もし宇宙がなくなってしまったら、神は自らを楽しませるために何を持つことになるのかと彼がたずねたのは事実である。近代人が聖トマスを必要とする程度がいかなるものかおわかりいただけよう。だが、たとえアクィナスがいなくても、学者は言うに及ばず、教育を受けた人種がいやしくも神を信じうるとすれば、彼らは神は自らの内に永遠の喜びを含むすべての完全性を備えていて、太陽系がサーカスのように神を慰めることなど必要としないと推定しているにちがいないと考える。

これらの想像や偏見や個人的失望から一歩抜け出て聖トマスの世界にはいるのは、たとえていえば暗い部屋の中の乱闘から燦々たる日光の中に逃れ出るような感じである。聖トマスは、それが教会の教えであるように思われるから、この世界に初めと終わりがあることを信じると述べ、この人類への神秘的なメッセージの正しいことを、他のいろいろな論拠によって他の場所で弁護している。ともかく教会は世界には終わりがあると教えていた。従って（われわれがつねに想定していると想定されているように）、最近の科学者が正しいとつねに想定すれば、明らかに教会は正しかったことになる。しかし、アクィナスはなぜこの世界は終わりなき世界であってはならぬか、または初めなき世界であってはならぬか、理性においてはその特別の理由はわからぬという。そしてもしそこに終わりも初めもまったくないとしても、創造主がいなくてはならぬための、前と同じ論理的必要性が存在すると確信している。これがわからない人には、創造主というものの意味する内容は本当にはわからないと彼は静かにほのめかす。

聖トマスが意味するところは、中世的な年老いた王様の像ではなく、エンス、つまり存在（Being）に関するこの大いなる論証の第二段階なのである。その第二段階について、一般的な言葉で正確に述べるのは絶望的なまでに困難である。それだからこそ、私は、仮りに創造の日がないとしても、創造主はいなければならぬという、特別な形式の論証でそれを紹介したのである。赤ん坊が芝生を眺めるように、現在ある形の存在をながめつつ、われわれは今その第二の点を見ているのである。俗な言葉で言えば、それは副次的に従属的に見える。存在は存在する。しかし、それは十分に自力で存在するわけではないし、単に存在しつづけることによって、そうなるわけではないであろう。それが存在だとわれわれに告げるのと同じ第一次的な感覚が、われわれにそれは完全な存在ではないと告げる。罪とか悲しみとかを含むといった一般の論争の種になる意味で不完全なばかりでなく、存在として不完全で、それが内に含む現実性よりも現実的ではない。たとえば、その存在(Being)は、しばしば生成(Becoming)にすぎなくなり、また「在り(Be)」始めるか、「在り」終わる。自らにおいてその実例を示さぬ、より恒常的で完全なものをそれは中に含んでいる。それが「動いているものは、すべて他のものによって動かされる」という基本的な、かの中世の成句の意味である。この成句は聖トマスの明快な精妙さにおいては、「誰かが時計を巻いたのだ」という、しばしば混乱の種である理神論者の言葉以上のものを意味する。深く考える人は誰でも、運動には本質的に不完全なところがある――より完全なものに近づいていくのではあるが――ということを理解できるであろう。現実の論証はむしろ専門的なものであり、それは、潜在力は自らを説明しないという事実にかかわっている。その上、あらゆる場合に、ひろげるということは、たたまれているものについて可能なことである。この論証を無視する近代の進化論者なるものは、論証に欠陥を見つけたから論証を無視しているわけではないとだけ言えば十分であろう。論証そのものを発見してはいないからである。彼らはあまりにも浅薄なるがゆえに自らの論証の欠陥すらわからないので、このような仕儀になるのである。というのは、さながら昔の命題の長所が古くさい言葉遣いで隠蔽されてしまったように、彼らの命題の弱点は流行の言葉で隠蔽されているからである。だが、本当に物を考える人にとっては、彼らが考えている進化的宇宙の全体について、現実に腑に落ちないものがつねにある。なぜならそれは無から生じた有であり、からっぽの水差しからそそぎ出されるところの、次第に水かさを増す洪水ということになるからである。事のむずかしさを見ることもせずに、簡単にそれを受け入れることのできるような人には、アクィナスの深みにまで下って、困難の解決を見出すことはできそうもない。一言でいえば、世界は自らを解説してくれない。単に自らを拡大しつづけて行くことによって解説することは不可能なのである。進化論者は、明らかに考究不可能というべきひとりの神なるものが無から有を生じるなどとは考えられぬと苦情を述べ、つづいて、無が有に自らを転じるというほうがもっと考えやすいと主張するが、それは不合理であろう。

以上、大かたの哲学者が、ものが変化するという理由で、ものについて哲学的な思索を行なうことに完全に失敗した次第を観察してきたが、彼らはものが互いに相違するという理由で、ものについて哲学的な思索を行なうことにも失敗するのである。これらすべての否定的な異端説を通して聖トマスの理論を追うて行くスペースはないが、唯名論、もしくは、相違するものに基を置く懐疑に関して一言しなくてはならない。唯名論者が、ものは互いに相違しすぎているから、本当に分類することは不可能である――だからレッテルを貼られているだけだ――と主張したことは誰でも知っている。アクィナスは確固たる、だが、穏健な実在論者であったので、普遍的な性質なるものが現実に存在すると考えた。人類は人間であるとか、その他の逆説のように。極端な実在論者になろうとすれば、彼はプラトン主義者に近づきすぎることになったであろう。彼は個性は実在することを認めたが、それは一般化を可能とする共通の性質と共存すると述べたのである。事実、たいていの場合におけるごとく、知識階級の異端者が妨げさえしなかったら、常識が当然述べるであろうことを、彼はそっくりそのまま述べたのである。それにもかかわらず、彼らは今なおそれを妨げつづけている。H・G・ウェルズ氏〔イギリスの小説家、社会批評家。一八六六―一九四六〕が唯名論哲学の驚くべき発作にとりつかれて、すべてのものはユニークで非典型的である、人間はすぐれて個人であるがゆえに、人間ですらありえないと言った論調の書物を次々に出した時のことを私は記憶する。特に、社会の混乱をつねに嘆き、最も徹底的な社会の立法化をもって、混乱に代えることを発議するような人物が、このような混乱した否定的考えに特にひきつけられるのは、奇妙で滑稽というべき事実である。何ものも分類することはできないというまさにその当人が、実に、すべてのものは成文化されねばならぬというのである。バーナード・ショー氏は黄金律がないのが黄金律だといったが、彼はロシアにおけるような鉄の規律のほうが好きなのである。

しかしこれは個人としての近代人における小さな矛盾にすぎない。創造的進化と呼ばれる一般理論に関連する理論家としての彼らにはさらに深い矛盾がある。変化はつねに善きものへの変化であると仮定（それがなぜかはっきりしないが）することによって単なる変化についての形而上学的な懐疑を自分たちは避けられると思っているらしい。曲線にかどを発見しようとする場合の数学的困難さは、図表をひっくりかえして、下向きの曲線が上向きになったということによって変えるわけにはいかない。要点は曲線の中には点がないということであり、曲線がその頂点に達したとか、その原点を示したとか、末端に達したとか言うための論理的権利はわれわれにはないということである。それについて彼らは快活な態度をとり、過去の写実的な詩人のように、単なる変わりやすさの悲劇を嘆くかわりに、「いつまでも向こうがあるということで十分」というのである。向こうがあるというのは十分ではない。それは耐えがたいことであるかもしれぬからである。このような見解を唯ひとつ弁護しているものは、完全な退屈というものはたいへんな苦痛で、ちょっとした身動きでも慰めになるということである。実は彼らは聖トマスを読んだことが一度もないのである。読んでいれば彼らは、少なからぬ恐怖を抱いて、自分たちが彼と実際は同意見であることに気づいたであろう。彼らの真意は変化は単なる変化ではなく、何ものかの現われであるというのである。このように、それがあらわにされるものであるとすれば、あらわにされるまでに何千万年かかるとしても、それはすでにそこに在るにちがいない。換言すれば、彼らは現実にはその目的に到達しない潜在力が至るところにあるということでアクィナスと一致している。しかし、もしそれが一定の潜在力であって、それが一定の行為に終わるのみとすれば、すべての潜在力が行為の計画としてその中にすでに存在するような偉大な存在（Being）が当然存在することになる。換言すれば、変化の以前と以後とに、最善のものが存在しているのでなければ、変化がより善いものにむかうと述べることさえ不可能である。そうでなければ、最も空虚な懐疑論者、または、最も暗い悲観論者が見るとおりの単なる変化にすぎなくなる。創造的進化の過程の前に二つのまったく新しい道が開けているとしよう。進化論者が過去および現在から最善の基準を受けとっていないとすれば、いったいどのようにしてどの向こう側がよりよいとわかるのであろう。彼らの浅薄な理論によればすべてが変化しうる。すべてが改善されうる。改善ということの本質までも改善されうることになる。しかし彼らの表面には出ない常識の中で彼らは親切という理想が変化して残酷という理想になるとは考えていない。彼らは目的（Purpose）という言葉を時におずおずと使用するが、人格（Person）という言葉を聞くたびに顔をあからめるが、これは彼らの特徴である。

人類学者としての鋭さにかかわらず、聖トマスは神人同一論者の正反対である。彼に不可知論的な傾向がありすぎるとか、神の性質にあまりにも知的抽象を加えすぎたとか主張した人が神学者の中にいる。しかし、初めから「目的」と呼ばれうるものがあるのなら、「人格」という基本的な要素を持ったものの中にあるはずだ、ということを知るだけなら、聖トマスも必要ではない。必要なのはわれわれの常識のみである。何ぴとも思い出さない記憶とか、誰も言ったことのない冗談とかが、空中にさまようことがないように、ひとつの意図がひとりで空中をさまようはずがない。空中をさまよっているという示唆を支持する人は間違いなく空虚で底の知れぬ非合理性に逃げ場を求める以外にとるべき道がない。その時ですら、そして聖トマスが合理的である権利を持たぬとすれば、不合理である権利を誰かが持つと証明することも不可能である。

　文字通り簡単なものに仕上げようと思っているこの素描において、哲学者聖トマスに関する最も簡単な真実は、次のことであるように私には思われる。いうなれば彼は初恋に忠実な人で、しかも、その初恋は一目ぼれなのである。つまり、彼はただちにものの本質を見抜いて、その後、ものの性質から生じる破壊的なすべての懐疑に抵抗したのである。だからこそ私は最初の数ページで、彼の哲学の実在論には純粋にキリスト教的な謙遜と忠実とが横たわっているという事実を強調しているのである。聖パウロが秘密の天が二つに裂けるのを自分が見たことについて述べた「我は天の示しに背かずして」〔新約聖書「使徒行伝」第二六章第一九節〕という言葉を、聖トマスなら、ただの小石や小枝を見たことについても同じように誠実に繰り返したであろう。小枝や小石は地上の眺めではあるが、それらを通して聖トマスは天への道を見出すのである。要するに彼は見たものには忠実であり、それを裏切らない。人類を指導したり、誤導したりしたほとんどすべての賢者たちは、あれこれ口実を述べてそれを裏切るのである。彼らは単なる時間や変化という手段においてか、独自の単位の分類の困難さにおいてか、統一を認めつつ多様性を認めることの困難さにおいてか、そのいずれかにおいて小枝や小石を懐疑主義という化学溶液の中に分解してしまうのである。右の三つのうち、第一のものは流動または無形の変遷の議論と呼ばれている。第二のものは唯名論と実在論について、あるいは普遍概念の存在についての議論であり、第三のものは一と多についての、古代からの形而上学的難問である。しかし三者とも大ざっぱなイメージの下で聖トマスについての、すでに述べた次のような叙述に還元できる。最初の真理に対して誠実で、最初の謀反を拒んだ。それが副次的で多様な現実であっても彼は自分の見たものを否定しない。それらがたくさんあっても、自分が最初に思いついた数を撤回することはない。

彼は芝生を見た場合、「今日ありて明日炉に投げいれらるる」からと言って、芝生を見なかったとは言わないであろう。見ないなどというのは、変化や変遷や変形やその他についてのすべての懐疑論のやり方である。彼はまた成長はあるけれども芝生はないとは言わないであろう。もし芝生が成長して枯れるものなら、それはもっと実在的な、もっと大いなるものの一部であるのであって、芝生が見かけほどには実在性がないということとは異なるのである。近代の神秘家エイ・イー〔アイルランドの詩人・批評家ジョージ・ラッセルの筆名。一八六七―一九三五〕の言葉をかりると、聖トマスは「主なる神と再び結ばれるために芝生から始める」と述べるための真に論理的権利を持つのである。

　彼は芝生と穀物を見た場合、芝生と穀物には共通点があるから両者は相違しないとは言うまい。芝生と穀物には共通な点が若干あるから、両者は本当は相違しないものだとも言うまい。また、彼は極端な唯名論者と同調して、穀物はあらゆる種類の果実に分化しうるからとか、芝生は雑草と共に泥の中に踏みつけられるから、雑草と泥の区別をする分類も、牛の餌と牛とを厳密に区別する分類も不可能だとは言うまい。また、一方、極端なプラトン主義者と同調して、穀物と芝生の区別を観察する前に、目を閉じて頭の中で完全な果実を思い浮かべたとも言うまい。彼は次々と物を見てついに共通の特質を見たのである。しかし、ものを見る前に特質を見たというふりは実際にしない。

　彼は芝生と砂利とを見た。つまり、彼はものが現実に相違しているのを見た。そのものは芝生と穀物のようにいっしょにして分類できないのである。事実が最初にひらめくと、本当に不思議なものでいっぱいの世界、われわれに不思議なばかりでなく、お互いに不思議な世界が示される。個々のものは存在（Being）を除いて共通点を持つ必要がない。すべてのものは存在（Being）である。しかし、すべてのものがひとつ（Unity）であるというのは誤りである。すでに述べたようにまさにこの点で聖トマスは、確然と、いわば挑戦的に汎神論者や一元論者と袂を分かつのである。あらゆるものは存在する。しかし、存在するものの間には類似と呼ばれるものと同様に相違と呼ばれるものがある。この点で再び、われわれは、芝生の普遍性によってばかりでなく、芝生と砂利の非共存性によっても主なる神と再び結ばれ始める。このようなさまざまで多様なものの世界は、特にキリスト教の創造主の世界であり、ひとりの芸術家によって創られたものに似て、創造されたものの世界である。誤った方向への変化のかすかに光る変わりやすいヴェイルにおおわれた唯一のものなる世界——アジアの古代宗教やドイツの近代の詭弁哲学の多くが持っている概念だが——と比較した場合にも同じように言えるであろう。聖トマスは頑強な客観性のある忠実さをもって、断乎、これらの間違った観念に対抗するのである。彼は芝生と砂利とを見たけれども、その「天の示しには背かない」のである。

要約すれば、ものの実在性、ものの可変性、ものの多様性、そしてものの属性である他の同類のあらゆるものは、実在性の起点を見失うことなしに、この中世の哲学者によって注意深く探究された。彼の正しさを彼自らが示している数限りない思惟の段階についていちいち述べるスペースは本書にはないが、要は正しいということとは別に彼は現実的である。中世と近代においてその語が持つ、ほとんど逆ともいうべき意味とは異なる、第三のものたる、彼独自の、どちらかというと奇妙な意味において彼は実在論者なのである。実在性についての懐疑や困難さは彼の実在性に対する信念を減らすどころかかえって強めたのである。非常に多くの賢者たちに非常に悲しい効果をもたらしたところの、ものの欺瞞性は、アクィナスにはまったく別の効果をもたらした。もしものがわれわれを惑わせるなら、それは見かけよりずっと実在的であるということによるのである。ものは、それ自体目的としては、われわれを惑わせる。しかし、より大きな目的にむかうものとして、ものはわれわれが考えるよりもはるかに実在的なのである。もし、ものが相対的な非実在性を持っているかに見えるならば、それらは潜在的であって顕在的ではなく、種子の袋や花火の箱のように、みたされてはいないからである。それらは今あるよりも実在的であろうとして、自らの中に相対的非実在性を持っている。スコラ学者が実現とか完成とか呼ぶものより一段上の世界があり、そこではこのような相対的相対性はすべて現実となり、木にはいっせいに花が咲き、のろしは爆発して火炎となる。

聖トマスが人間という家を包囲してのぼって行った論理の階段の一番下の段で今私は議論をやめる。正直で骨の折れる議論によって彼がその塔にのぼり、黄金の屋根の上で天使たちと語ったとだけ記せば十分であろう。以上、ごく大まかにではあるが、聖トマスの哲学を述べた。彼の神学のほうは同様な大まかなやり方で述べることは不可能である。非常に大きな人について非常に小さい本を書けば、誰でも何かを省略しなければならぬ。熟考を重ねたすえに私が唯一の重要なことを省略した理由は、トマスを最もよく知っている方には最もよく理解していただけると思う。

八　聖トマス以後

聖フランチェスコとは異なり、聖トマスはその著作において、詩というい わく言い難い要素を持たなかったとよく言われている。たとえば地に埋もれている自然の根には相当の関心を示しながら、自然のものの現実の花や果実の楽しみをほとんど記していない。だが、私は彼の哲学を読んで、詩に類似した特別な強力な印象を受けたことを告白する。きわめて奇妙なことだが、それはある意味では絵画に類似している。そしてはっきりした長方形の物体に不思議な荒々しい光を投げかけたり、無意識な精神の支柱を把えるというよりは手探りするといったほうがいいといったふうな感じの場合に、あの最もすぐれた近代画家たちが生み出す効果を大いに想起させるのである。おそらくは、ひどく誤用されている語の最善の意味において、「原始的な」特色が彼の作品にはあるからであろう。ともかくその喜びは理性からだけではなしに、想像力からも明らかにくるのである。

おそらくその印象は、画家が言語を用いずに対象を扱うという事実と関係がある。芸術家はまったく厳粛に豚の輪郭のような大きな曲線を描く。というのは彼は豚という単語を思い出していないからである。聖トマス・アクィナスのように間違いなく、ものについて考えていながら、言葉の持つ間接的影響力に惑わされていない思想家はいない。まったくその意味で、彼は言葉のもたらす不利益を持たなかったかわりに、利益もまた持たなかったのである。この点ではたとえば、とりわけ才人であった聖アウグスティヌスとは甚だしく異なる。聖アウグスティヌスは雰囲気と情緒の面で言葉を駆使する力を備えた一種の散文の詩人であった。その結果、彼の書物は音楽の旋律のように、記憶の中に高まってくる美しい章句に溢れている。「彼らがあなた達に対して怒り狂うように（illi in vos saeviant）」とか、「古くして新しき美よ、おそかりしかな、御身を愛することのあまりにもおそかりし」〔『告白』第一〇巻第二七章、山田晶訳。チェスタトンの原文には「新しき」が欠けている〕という忘れ難い叫びとか。事実、聖トマスにはこういうところがほとんど、いやまったくない。だが、もし彼が言葉の単なる魔術を、より高度に使用しなかったとしても、彼は、感傷家や自己中心の芸術家が行なっていた、単に病的で、実際黒魔術にもなりうるようなかの言葉の悪用をもまぬがれていたのである。このような純粋で内省的な知識人と比較することによって、私が述べようとする（あるいはうまく述べられそうもない）ものの本性についてのヒントをわれわれは見出せるかもしれない。それは彼の思想、特に彼の思惟の出発点となる思想を通して輝き出る、自然力的、原始的な詩のことである。それは、精神の外に実在するものと精神との関係に対する彼の感覚の高度な正しさである。

すべての詩、すべての芸術における光と言うべきものの不思議さは、ものの持つ他者性、つまり客観性と呼ばれるものと実際に関係がある。主観的なものは新鮮味がないにちがいない。このような想像的なあり方で異様であるのはまさしく客観的なるものである。この点でこの偉大なる瞑想家は、あの間違った瞑想家、すなわち自分の魂だけをのぞきこむ神秘家、外界から尻込みして自己の精神の中でのみ生きる自己中心の芸術家とは完全に正反対である。聖トマスによれば、精神は自発的に自由に行動するが、その自由とは自由と日の光との中へ、実在と生ける者の国とへの出口を見出すことにある。主観主義者においては、世界の圧力が想像力を内側に押し込むのである。トマス主義者においては、精神のエネルギーは想像力を外に押し出す。だが、その理由は精神の求めるイメージは実在するものだからである。それらのもつ、いわばロマンスと光輝とは、それらが実在するものであるつまり、精神の内側を見つめても発見できないものであるという事実の中にある。花が映像となるのは、それが映像だけではないからである。いうなれば、それは夢ではないから、映像なのである。これは詩人にとっては石や木やかたいものの不思議さで、それらはかたいがゆえに不思議なのである。私はまずそれを詩的な仕方で述べたが、哲学的な仕方で述べるには、さらに専門家の技術の精妙さが必要である。アクィナスによれば、対象は精神の一部になる。いや、彼の言葉によれば精神は現実に対象になるのである。しかし、ある注釈家が明敏に言う通り、精神は対象にはなるが、対象を創造することはない。換言すれば対象は対象である。それは精神の外、精神の存しないところに存在しうるし、また存在するのである。それゆえ対象は、自らその一部分となっている精神を拡大する。精神は皇帝のように新しい領土を征服するが、その理由は、精神が下僕のように呼び鈴に答えたからである。精神が扉と窓を開けるのは、家の外に何があるのか見ようとする、家の内部にいるものの自然な活動である。かりに精神がそれ自体にとって十分であるとしても、それ自体のためには不十分である。この事実から養分をとるものが精神自体だからである。器官として、精神は、客観的な対象を持っている。いうなれば、精神は、この現実という異様なかたい肉を食べるものである。

さて、この見解がどのようにして二つの落し穴——いずれも無力という深淵であるが——を逃れているか注意しよう。精神はまったく吸取り紙のように感覚を吸収するという意味でのみ受容的なのではない。人間は環境の奴隷だと考える憶病な唯物主義は、そういった吸取り紙的柔らかさを基礎にして出てきたものである。その反面、精神は窓に絵を描いて、それを外の景色と思い違いするといった意味で創造的なわけではない。だが精神は活動的であり、その活動性は意志が自ら追い求めることを選ぶ限りにおいて、現実の景色を現実に照らしている外界の光を追い求めることにある。これこそは、ひどく無力な精神の上に、物質的な影響がそそがれているとか、心理的な影響力が流れこんでぜんぜん根拠のない幻影を生ずるとかいう主張と比べた場合に、このような人生観に無限に活気のある冒険的な特質を与えているところのものである。換言すれば、トマス哲学の常識の本質は、二つの力、すなわち実在と実在の認識とが作用していて、それら二つの出会いは一種の結婚だということである。それは実りをもたらすがゆえに、真の意味で結婚である。現代の世界で本当に実りをもたらす唯一の哲学なのである。それが実際的結果をもたらすのは、まったく冒険心と不思議な事実との結合だからである。マリタン氏〔フランスの哲学者。新トマス主義者。一八八二―一九七三〕はその『テオナス』（*Theonas*）という著述の中で、蜜蜂が花に受精させるように、外なる事実は内なる知性に受精させる、という賞賛すべき比喩を用いている。ともかく、聖トマスの全体系は、いってみれば、そのような結婚の上に打ちたてられている。神は人間を、実在と接触できるように創造し給うたのである。「神の配《あわ》せ給いしもの、人これを分かつべからず」〔新約聖書「マタイ福音書」第一九章第六節、「マルコ福音書」第一〇章第九節〕である。

さて、これが唯一の役に立つ哲学だということは、述べるに値することであろう。他のほとんどすべての哲学においては、実状を言えば、追随者は、その哲学を役立てずに、かえって無視して考えるか、あるいはまったく考えない。懐疑家は誰ひとり懐疑的に考えない。運命論者は誰ひとり運命論的に考えない。彼らは例外なしに、信じることのできないものも、想定することはできるという原則にもとづいて考えているのである。自分の精神《マインド》は、自分のために土と血と遺伝とにより、作り上げられたものだと考えている唯物論者でも、何のためらいもなく、決心する時には、「自分の精神《マインド》を決める(make up his mind)」ことになる。真理は主観的だと信じる懐疑家でも、何のためらいもなくそれを客観的に扱うのである。

それゆえ、聖トマスの著作には、彼以後のほとんどすべての宇宙的体系には欠けている建設的な特色がある。というのは、アクィナスがすでに家を建てているのに、彼よりも新しい世代の思索家たちは、まだ梯子の段を検査している段階であり、まだ焼いていない煉瓦のどうしようもない柔らかさを証明したり、アルコール水準器の中のアルコールを化学的に分析したり、要するに家を建てる道具を作りうるか否かを論争しているところなのである。ひとりの人がその時代に先んじているという月並の年代記的意味を越えて、アクィナスは、知的な意味で億万年も彼らに先んじているのである。彼は何時代分もわれわれに先んじている。というのは彼は最初の懐疑の深淵を越える橋をかけ、その向こう側にある実在を発見し、そこから建設を始めたのである。大半の現代の哲学は哲学ではなくて哲学的懐疑なのである。つまり、何らかの哲学が世に存在しうるか否かという問題に関する学問なのである。実在の受容における聖トマスの根本的行為や議論をわれわれが受け入れるならば、そこから演繹されることどもは、いずれも等しく実在的であろう。それらはものであって、言葉ではない。カントや大半のヘーゲル学派とは異なり、彼は単に懐疑についての懐疑にとどまらぬ信仰を持っている。それはいわゆる信仰についての信仰と通常呼ばれているものにとどまらない。事実についての信仰なのである。この点から、彼は前進し、都市を計画する人や裁判の座に坐る者のように演繹し、発展させ、決定するのである。しかし彼以後において、彼ほどに著名な思想家の中で誰ひとりとして、一定の演繹の重みに耐えるに十分強力な、何かのための証明やさらに感覚の証明が存在すると考えた人はいなかった。

以上のことから、この哲学者がただに社会的な事物にふれたり、それらを苦もなく飛びこして、精神的な事物に達したりするだけではないと推論できる。もっともつねにそれが彼の方向であるが……。彼は社会的事物をとらえる。それらをつかむだけではなく、強く握るのである。彼の論議がつねに証明するように、彼はおそらくビロードの手袋をはめた鉄の手の完全な実例であった。彼はいかなるものに対して、つねに十分に全注意力を集中した。彼は移り行くものを、移り行くままに心にとどめたように思われる。彼には瞬間的なことも重要であった。経済的な習慣や人間的な偶然に属する零細な問題点が、拡大鏡の集光下において、一瞬間でほとんど完全に焼けこげてしまうのを読者は感ずるであろう。彼の著作中にあらわれる、生活上のこまごました面に対する決定の千分の一でも本書に書き込むのは不可能である。正しい判事と分別ある治安官たちによる、驚嘆すべき一世紀間の判例集を再刊するようなものであろう。われわれは一、二の明白なこの種の問題に触れることができるだけである。

聖トマスが、大方の近代人が曖昧に「楽天家」という語によって意味しているような種類の人だったと言う場合のように、古い時代の雰囲気を持ったものを表現するために、近代の雰囲気を持った言葉を用いる必要があることを私はすでに述べてきた。同様にして、彼はだいたいのところ近代人が曖昧に自由主義者と呼ぶ種類の人であるともいえる。だが、今日、一定の政治的信条がいくつか存在するとした場合、彼の政治についてのたくさんの示唆のいずれかが、これらの一定の信条のどれかにただちにあてはまるということを私は述べているのではない。私の意味するところは、同じ意味で、彼が広さと均衡と議論とを信じる一種の雰囲気を持っていたということである。近代人の極端な要求によって判断すれば、彼は自由主義者ではないかもしれない。というのはわれわれは近代人という言葉を、つねに今世紀より前世紀の人という意味で用いるように思われるからである。彼はあらゆる近代人の中で最も近代的な人びとと比較しても大いに自由主義的なところがあった。近代人の大半はファシストやヒトラー崇拝者になってしまったからである。しかし、要するに彼は専制的な決定よりは討論によって到達できる種類の決定を明らかによしとしたのである。そしてすべての彼と同時代の人、同信仰の人と同様に、真の権威が権威を持っていることを疑わなかったが、専制的であるという匂いのするものすべてに対しては、むしろ嫌悪を示している。彼はダンテに比べるとはるかに帝制支持的ではない。そして彼の教皇支持においてすら、帝制主義的な要素はあまりなかった。彼は都市における、なくてはならぬ要素として、たとえば「自由人の集団」のごとき表現が好きであった。そして、法が正義でなくなれば、それは法であることを止めるという事実を強調している。

もし本書が論争の書であるならば、トマス哲学の体系の倫理学と並んで経済学にも全章を割くことになったろう。その問題で、彼が哲学者であると同時に予言者であることは容易に証明できる。彼はそのころ始まっており、現代の世界恐慌で頂点に達したところの、交易と交換にのみ依存する危険性を最初から予見していたのである。彼は高利が不自然という主張を単にしただけではなかったのである。もっともそのような主張をすることにおいて、彼はアリストテレスと明白な常識に従ったのであって、現在われわれをその恐慌に巻きこんでいる資本家の時代がくるまでは誰も反対するものがなかったのである。近代世界は高利の弁護論を書いたベンサム〔イギリスの法学者、哲学者。一七四八―一八三二〕から始まった。そしてその果ては百年後に、財政を弁護しえざるものとする俗な新聞の意見を生むところまできた。だが、聖トマスはそれ以上に深い打撃を加えたのである。売るためだけの目的で作られたものは、消費するために作られたものより品質が悪くなりがちだという、長期にわたる商業崇拝の時期には無視されていた真実をさえ指摘したのである。ラテン語の微妙なニュアンスのむずかしさが感じとられるのは、商業にはつねに無正直（inhonestas）なところがあるという彼の命題にぶつかる時である。なぜなら無正直とは正確にいって不正直を意味しないからである。それは「何か立派でないこと」に近く、「まったくきれいとはいえぬこと」と言えば、もっと近いであろう。そして、トマスは正しかったのである。なぜなら、近代の意味では、商業とはものをその価値よりちょっと上の値段で売ることである。十九世紀の経済学者たちもそれを否定しなかったであろう。彼らは聖トマスは実際的でないと言えばすんだのである。そして、彼らの見解が実際上の繁栄をもたらしていた間、この言葉は立派に聞こえたであろう。それが世界的な破産の原因となった今日では少しばかり事情が異なるのである。

　だが、この点で、われわれは歴史の巨大な逆説に突きあたる。トマスの哲学と神学とは、仏教徒や他の一元論者の哲学や、カルヴィン主義者やクリスチャン・サイエンスの信奉者の神学と公平に比較した場合、まったく明白なことは、それが役に立つ、しかも戦闘的な、体系であり、しかも常識と建設的確信にみちている点である。従って、普通は希望と期待にみちているのである。この希望はむなしいことはなく、この期待は実現しないことはない。あまり希望のもてなくなったこの現代の瞬間に、技術や所有権や経済倫理に関するたくさんの切実な問題の指導者として聖トマスを仰ぐ人たちほど希望にみちた人はいない。現代においては確かに希望にみちた、創造的トマス哲学がある。だが、これが聖トマスのすぐ次の時代でなかったという事実にはやはり当惑を感ずる。実際、十三世紀には進歩の大行進ともいうべきものがあったのである。たとえば、隷属農民の身分について、中世末期までに事態は大いに改善されたのである。しかし、スコラ哲学が中世末までに大いに改善されたといえば嘘をついたことになろう。托鉢修道士たちの民衆的精神が後期中世の民衆運動をどれだけ助長したか、輝かしい正義の法則と貧者に対する終生変わらざる同情を持ったこの偉大な托鉢修道士が、確実に生じたこの改善運動にどれほど間接的につくしたか、言いつくしえないものがある。だが、彼の道徳的精神を離れて、方法にだけ従った者は、異様な速さで堕落して行った。そしてその改善運動が起こったのも、確かに、スコラ学者たちの中からではなかった。スコラ学者のあるものについて言えるのは、スコラ学の中の最悪のものをとって、それを改悪したということである。彼らは論理の段階を数えつづけたが、論理の一段を昇るごとに、彼らは常識から遠のいて行ったのである。彼らは聖トマスがほぼ不可知論者として出発した次第を忘れ、すべての人が不可知論的になるようなものすべてを天国や地獄からなくしてしまおうと決心したように思われる。彼らは一種の狂気じみた合理主義者で信仰にすら何らの神秘をも認めなかったであろう。初期のスコラ哲学はどこか近代人には空想的で衒学的と思えることがあるが、よく理解してみると、その空想には立派な精神がある。それは自由の精神、そしてとりわけ自由意志の精神である。たとえばエヴァがあの樹の果実を食べる選択をしなかったら、すべての植物や動物や天使はどうなっていただろうという問題についての彼らの思弁以上に奇妙な思弁は世にあるまい。だが、このような思弁はもともと選択のスリルに溢れていたし、エヴァは他の道を選択していたかもしれないという感じでいっぱいだった。しかるに、本来の推理小説的スリルなしに、このような細部にわたる推理的方法が採用されたのである。神以外には誰も知りえぬたくさんのことを論理で証明しようとする無数の大著の重荷を世界はになうことになった。彼らはスコラ哲学の中で、実際、不毛なものすべてを発展させたのである。そして、われわれにはトマス哲学の真に実り多きものすべてを手つかずで残したのである。

たくさんの歴史的な説明がある。中世の背骨を折った黒死病というものがある。それにつづいて起こった聖職者文化の衰え、それは宗教改革を誘発する働きをした。だが、宗教改革にはもうひとつの原因があったのではないかと私は思う。それはアクィナスと論争した同時代の熱狂者たちが、後世に自分たちの派を残した事実を述べることによってしか記述できないような原因である。ある意味でその派は結局勝利をおさめたことになる。真に偏狭なアウグスチノ（アウグスティヌス）修道会士たち、キリスト教的生活を狭いものとしてしか考えない人たち、存在の光輝に対する、この偉大なドミニコ会士の歓喜やあらゆる被造物における神の栄光を理解することさえできない人たち、悲観的で心を麻痺させる、すべての聖句、そしてすべての真理を熱意をこめて主張しつづけた人びと、以上のような陰気なキリスト教徒をキリスト教世界から根絶することはできなかった。彼らは座しておのれの機を待っていたのである。偏狭なアウグスチノ会士たち、科学も理性も持ち合わせず、世俗的なものの合理的使用も知らぬ人びとは、議論には負けたかもしれないが、信念に対する情念をますます積み重ねていた。北方には今にも爆発しそうなアウグスチノ会修道院があった。

トマス・アクィナスは打撃は加えたが、マニ教徒を完全に平定してはいなかった。二度とたてなくするとの意味でなら、マニ教徒の平定はそれほど容易ではなかった。彼が保証していたのは、われわれに伝えられたキリスト教の大要は超自然であって、反自然ではないということ、従って誤った霊性によって、創造主と、人となり給えるキリストとを忘れるほどに盲目にされてはならないということであった。しかし、トマス的伝統が次第に消えて、より自由でない、あるいはより創造的でない思考習慣にかわり、中世社会が衰えて他の原因を通して腐敗していくにつれて、彼が敵として戦った相手が再びキリスト教世界に忍びこんできた。キリスト教の精神、もしくは要素の中には、なくてはならぬものであり、しばしば崇高でもあるが、信仰上のもっと穏和で雅量のある要素によってつねに平衡を保たれねばならぬものがあるが、それはスコラ哲学の枠が硬化して裂け始めると、再び力を得るようになった。知恵の初めであり、従って（世の）初めに属するものであり、文明の夜明け前の最初の冷たい時期に感ぜられる、主なる神への畏敬、そして、荒野から出てつむじ風に乗り、石の神々を破壊する力、その前には東方諸民族が舗道のように平らにひれふしてしまう力、原始の予言者がその前に出ると裸体で走りまわり、彼らの神に対して不満を声高らかに表明し、次いで逃亡するに至るような力、真贋は別として、すべての宗教の初まりに根を下ろしている恐怖、主なる神に対する畏敬、それは知恵の初めではあるが終わりではない。革命に対する支配者の皮肉な無関心、特にルネサンス期の異教的な教皇たちの宗教改革に対する態度に見られる軽薄さを示すものとしてよく引き合いに出されるのは、ドイツで始まったプロテスタントの最初の運動の知らせを聞いた時、教皇が無造作にも、「修道士間のけんかだろう」としか言わなかったという話である。もちろん、教皇という教皇はみな修道院間の争いには慣れていたのである。だが、十六世紀の大離教の初めにこれだけしか見抜けなかったのは、奇妙で気味が悪いくらいの怠慢というふうにいつも言われている。だが、そう言ったからといって教皇が非難されている事柄についても、幾分表だたぬ意味においてではあるが弁護の余地はあるのである。ある意味で離教者たちは中世に精神的な祖先を持っているからである。そのことは本書の最初の部分に見出されるであろう。確かにそれは修道士のけんかだったのである。アウグスティヌス（アウグスチノ）という偉大な名、聖トマスが口にする時には必ず尊敬の気持をこめてはいたが、その意見には同意しないとしばしば表明したその名は、当然のことながら、アウグスチノ修道会に最も長く残ることになったアウグスティヌス派の思想を包括していたのである。その相違は、カトリック信徒間の相違にふさわしく、単なる強調の相違にすぎなかった。アウグスチノ会士たちは神のみ前における人間の無力という観念、人間の運命についての神の全知、聖なる畏敬の必要、知的なおごりの屈伏といったことを、自由意志や人間の尊敬や善業という、それらとは反対で、それらに照応する真理よりも強調したのである。この点で彼らは、今日でさえ他と比較して、教会の決定論的博士とみなされている聖アウグスティヌスの特有な論調をとなえつづけたのである。ところが、次第に強調の度が増すと、一方を強調することが他方を全面的に否定することを意味するようになる時が近づいてきた。どうやら、事の始まりはとどのつまり修道士間の争いにあったようである。しかし、教皇はひとりの修道士がどれほど論争好きであるのか、学び知らねばならなかった。ドイツの森の中のかのアウグスチノ会修道院のひとりのきわだった修道士には独得の、そして特別な強調の才があった。それは強調以外の何ものでもなく、しかも大地をゆるがす趣きの強調の才であった。彼はスレイト職人の息子で、声は大きく、体格も大きく、沈思し、真剣であり、決定的に病的な人物であった。彼の名はマルティン・ルターであった。アウグスティヌスも、アウグスチノ会士たちも、アウグスティヌス的伝統のあんな名誉回復の日を見ようとのぞんではいなかったであろう。だが、今やある意味でアウグスティヌス的伝統はついに復讐をとげたということになろう。

　嵐と破滅の日に、それは修道士の個室を出て、新しい力強い声で、感情的で自然的な宗教とすべての哲学の破壊を叫び求めた。偉大なギリシアの哲学やその哲学の上に建てられたスコラ哲学に対する特別な恐怖と憎悪の響きをそれは心に抱いていた。それはあらゆる学説の破壊となるひとつの学説を持っていた。事実、それは、それ自体神学の死滅に通ずる独自の神学を持っていた。自然的な物がすべて役に立たぬ世界で、キリストの慈悲と超自然的助けとを求めてほとんど聞きとれぬ叫び声をあげる以外には、人間は神に対しても、神からのものも、神についても何も言えないのである。理性は無用であった。意志も無用であった。人間は石と同じように自分自身をほんのちょっぴりも動かせなかった。人間はかぶらを信じられないように自分の頭を信じられなかった。苦痛にうめく獣の叫び声のように恐ろしい、孤独の呪いの言葉において高められたキリストの御名をのぞいて、天にも地にも何も残らなかったのである。

事実上、歴史のかなめになっている巨人たちに対して、われわれは公正でなければならない。われわれ自身の議論における確信がどれほど強く、どれほど正しくあろうとも、つまらぬものが世界を変えたというふうに誤って考えてはならない。すべての禁欲的な中世のアウグスチノ会士のかたきを討った、この偉大なアウグスチノ会士についても同じである。彼の巨大なたくましい姿は、四世紀にわたって遠くかすむ山のようなアクィナスの姿を遮るに十分大きかった。事は近代の人びとが喜々として語るような神学の問題ではないのである。マルティン・ルターのプロテスタント神学は、近代のプロテスタントがひとりとしてそれといっしょに討死したいと思うようなものではなく、くだけた言い方をするならば、かかわりあうのはまっぴらと思うようなしろものである。彼のプロテスタンティズムは悲観主義であった。それはただ地獄を逃れる試みとしての人間の美徳のむなしさの主張にすぎないのである。ルター主義は、今やまったく非現実的であり、その近代的様相はいっそう非現実的なのである。しかし、ルターは非現実的ではなかった。彼は世界を変革する任務を与えられたいわゆる偉大な原始的野蛮人であった。いかなる哲学的な意味においても、歴史上にそびえるこれら二人の人物を比較することは、もちろん無益であり、また不公平であろう。アクィナスの精神のような大きな地図の上ではルターの精神は目に見えないほどである。しかし多くのジャーナリストが真偽のほどはおかまいなしに言ったように、ルターが新紀元を画し、近代世界を始めたというのは、必ずしも間違いとはいえない。

彼は自我意識、のちの世のいわゆる個性を、意識的に用いた最初の人であった。事実、彼は強烈な個性を持っていた。アクィナスはもっと強烈な個性をさえ持っていた。彼は巨大な人をひきつける風采をしていた。彼は全世界に展開した巨大な砲兵陣地のような働きをする知性を持っていた。彼にはただそれだけが実際上機知の名に値するような、論争時の即座の沈着という特色があった。しかし、彼は自己とは区別される真理を弁護するために、自己の機知以外のものを用いようとは思わなかった。アクィナスを武器にして用いようという考えはアクィナスには思いつかなかったのである。誰かと議論する際に、出生や身体や脳髄や育ちというようなものを利用した形跡は皆無である。つまり、彼は知的無意識の時代、つまり、非常に知的であった知的無垢の時代に属していたのである。さて、ルターは単に知的なばかりでないものにも頼るという近代的風潮の創始者であった。これは、ほめるとかけなすとかいう問題ではない。彼の個性が強かったとか、図体の大きな弱い者いじめであったとかわれわれが言おうと言うまいとほとんど問題にはならない。彼が聖書にはない言葉を中にはさんで聖書の本文を引用した時、やじに対して、「マルティン・ルター博士はかく語るであろうと言い給え」とどなり返して満足した。これは今日では個性と呼ばれているものであるが、ルターからしばらくあとにそれは心理学となり、さらにその後、宣伝または販売術と呼ばれた。しかし、われわれはその得失を論じているのではない。彼がついに「スコラ哲学の天使」に対して勝利を占めたばかりでなく、真の意味で近代世界を創始したと言わなければ、この偉大なアウグスチノ会の悲観論者に対して不公平であろう。そして彼は理性を破壊し、思いつきを理性に代えたのである。

この偉大な改革者は公衆の面前でアクィナスの『神学大全（Summa Theologica）』やその他の著作を焼いたといわれている。この焚書をもって本書は当然終わることになる。書物を焼くのは困難だという話である。キリスト教界の論争のためにこのドミニコ会士が書いて貢献した山のような著作を焼くのはきわめて困難であったにちがいない。ともかく社会的、倫理的、理論的な問題についての百科辞典的研究のぎっしりつまった複雑な内容を考える場合、ああした焚書ということには何か身の毛のよだつ、黙示録的なものが感じられる。多くの誤謬や極端を排除した定義がぎっしりつまっている著作、忠誠心の衝突や悪の選択についての広い均衡のとれたたくさんの判断、適切な正義の条件にもとづく政治の限界についての自由な思弁、私有財産の正用と悪用の間のあらゆる区別、戦争という大きな悪についてのあらゆる法律とその例外、人間の弱さへの考慮と健康のための設備——以上のような仕事をした中世ヒューマニズムの大きな塊は敵の面前で煙を出しながら、すべてしぼみ、ちぢまって行った。そしてこの偉大な激情家の農夫は知性の時代が終わったという理由でひそかに喜んだ。文章は次々に焼け、三段論法も次々に焼けた。かつてはギリシア人の大いなる知恵であったものすべての、最後の瀕死の栄光の中で、黄金の格率《マクシム》は黄金の炎に変わった。古代世界と近代世界を結ぶはずであった、歴史上の偉大な中心的綜合は、煙となって昇り、世の大方の人から、蒸気のように忘れられてしまった。

しばらくの間は破壊は決定的なものに見えた。北方では近代人は哲学史を書くに当たって今でもギリシア、ローマの最後の群少のソフィストを最後に哲学は終焉に達し、フランシス・ベイコン〔イギリスの哲学者、政治家。一五六一―一六二六〕のような三流哲学者の出現するまでは哲学を聞くことはなかったと今でもすませることができるという驚くべき事実の中にそのことはなお現われている。にもかかわらず、この小さな書物は他になすところなく、他にほとんど価値もないであろうが、少なくとも潮流がもう一度変わったという事実への証言にはなるのであろう。それは四百年後のことであった。今日、ヨーロッパやさらにイギリスやアメリカのあらゆる印刷所から溢れ出ている聖トマス・アクィナスについての、より良き書物の洪水の中で、本書が失われ、忘れられればよいと私は思っ（そうなることを信ずるとしあわせにも言える）ている。そのようなよりよき書物に比較すれば、本書はまったく取るに足らぬものであるし、素人臭紛々たるものがある。だが焚書にされる可能性はないであろう。もしその可能性ありとしても、今日、毎日のようにフィロソフィア・ペレニス、すなわち、この「久遠の哲学」に捧げられている新しい大著作のかずかずの生産の奔流に対して、目に立つほどのとぎれの跡をとどめることもないであろう。

解説　「肯定」の哲学者としてのトマス・アクィナス

山本　芳久

トマス・アクィナスについての「最善の書物」

二十世紀を代表する中世哲学史家であるエティエンヌ・ジルソン（一八八四―一九七八）は、チェスタトン『聖トマス・アクィナス』を絶賛し、「これまで聖トマスについて書かれた最善の書物」と述べている。日本語においても、トマス・アクィナスについての様々な書物が既に著されているが、およそ一世紀前に書かれたチェスタトン（一八七四―一九三六）のこの書物は、時代の趨勢《すうせい》に流されることのない、不朽の価値を有する一つの「古典」として、大きな価値を保ち続けている。

チェスタトンは、イギリスを代表する作家の一人であり、「ブラウン神父」シリーズの推理小説で馴染みのある読者も多いであろう。小説のみではなく、批評や戯曲など、数多くの作品を残している。ユーモアに満ちた作風は、我が国においても多くのファンを獲得しており、論敵に対する鋭い諷刺と、逆説に満ちた論理は、一つの段落を読むだけでもチェスタトンの文章だろうと推測することが可能なほどの独特の個性を放っている。我が国においても、『G・K・チェスタトン著作集』(全十巻、春秋社、一九七三―七九年)、『チェスタトン著作集　評伝編』(全五巻、春秋社、一九九一―九五年)など、多くの著作が翻訳刊行されている。

チェスタトンは、一九二二年にカトリックに改宗してから、中世を代表する二人の聖人に関する伝記を執筆した。最初の伝記は『アッシジの聖フランチェスコ』(一九二三年)であり、二つ目の伝記が、本書すなわち『聖トマス・アクィナス』(一九三三年)である。ユーモアと逆説に満ちたその筆致は、およそ要約不可能なものであり、実際に読んで味わっていただくよりほかにないものではあるが、以下においては、トマス・アクィナスの専門家として、可能な限りの紹介と解説を試みていきたい。

アッシジの聖フランチェスコと聖トマス・アクィナス

本書の第一章は、「二人の托鉢修道士」と題されている。この「二人」とはアッシジの聖フランチェスコ(一一八二―一二二六)と聖トマス・アクィナス(一二二五頃―七四)のことである。十三世紀になると、新しいタイプの修道会が生まれてきた。「托鉢《たくはつ》修道会」である。具体的に言うと、フランシスコ会とドミニコ会である。言うまでもなく、アッシジの聖フランチェスコはフランシスコ会の創立者であり、聖トマス・アクィナスは、聖ドミニコによって創立されたドミニコ会の一員として生涯を送った。

ベネディクト会に代表される従来型の修道院は、田舎に大土地を所有し、「祈りかつ働け」という精神のもとに、自給自足的な修道生活を送っていた。それに対して、托鉢修道会は、都市を活動の舞台としていた。伝統的なキリスト教の教えとは異なるものの見方を有したりする多様な人を含む都市においてキリスト教の教えを説き、教えに感銘を受けた人たちからの施しを受けて生活する「托鉢」を活動の基本とする修道会が、托鉢修道会であった。

フランチェスコもトマスも、十三世紀の托鉢修道会に属する人物として極めて著名であり、現代に至るまで多大な影響を与え続けているが、しばしばこの二人の人物は対極的な特徴を持った人物として捉えられている。太ったトマスと痩せたフランチェスコ、学者であるトマスと書物と無縁な放浪者としてのフランチェスコ、温厚なトマスと火のように激しいフランチェスコというように。

だが、チェスタトンは、一見対照的なこの二人の間に、大きな共通性を見出す。それは、チェスタトン自身の機知に満ちた言い方を使うと、「キリスト教をキリスト教世界に持ち込」んだということである（二四頁）。

もちろん、彼らが生きた西欧キリスト教世界に「キリスト教」が存在しなかったはずがない。だが、チェスタトンによると、フランチェスコとトマスは、一見異教的なものを活用することを通じて、キリスト教をよりキリスト教的なものたらしめることに成功したのである。フランチェスコが利用したのは「自然」であり、トマスが利用したのは「アリストテレス」である。フランチェスコが利用しているのは「異教の女神」であり、トマスが利用しているのは「異教の賢者」だと一部の人々には見えた。

だが、それは浅薄な捉え方に過ぎない。フランチェスコもトマスも、「神を地上に連れ戻すことによって御託身《インカーネーション》という教義を再確認した」（二五頁）のである。「御託身」または「受肉」とは、キリスト教の基本的な教義の一つである。一言で言えば、「神」が「人」となったのがイエス・キリストだという教えである。より正確に言えば、キリストは「神性《しんせい》」と「人性《じんせい》」を兼ね備えた存在だとされている。

フランチェスコは、鳥にも説教をしたという逸話で有名であるが、それは、「信仰」というものを、我々が目で見て手で触れることのできる感覚的世界により根付いた仕方で生き直そうとする彼の姿勢の典型的な表現だと言える。キリストの「受肉」――神がこの感覚的世界に人となって到来すること――によって根源的に肯定し直されたこの感覚的世界を大切にすることこそが、神に対する信仰を生き抜くためのかけがえのない出発点になるという発想がここにはある。

そして、トマス・アクィナスについて言うならば、彼は、「理性と感覚」から出発して世界を捉えようとする哲学者アリストテレスに依拠することによって、「霊的で神秘的な側面」をあまりにも強調しすぎるきらいのあった当時の神学から距離を取り、感覚的世界や人間の身体性をより重視する新たな神学を確立することができた、とチェスタトンは述べている。トマスはキリスト教神学をアリストテレス的なものにすることによってこそ、それをよりキリスト教的なものにすることができた、という本書を貫くチェスタトンの基本姿勢がここに示されていると言えよう。

逃亡した大修院長

第二章は「逃亡した大修院長」と題されている。この奇妙なタイトルには、いかにも諧《かい》謔《ぎやく》好みの小説家チェスタトンの面目躍如たるものがあるが、その意味するところは、ある意味単純なものである。

トマスは、幼年時代に、ベネディクト会のモンテ・カッシーノ修道院に入れられた。これは、修道院で初等教育を受けさせるという当時の貴族の慣例に従ったものとも言えるが、貴族であったトマスの父が、末の息子であるトマスには、財産を分与したりするのではなく、当時の社会において世俗的にも大きな力を持っていた大修道院の院長にすることを目論《もくろ》んだからである。

だが、トマスは青年となり、ナポリ大学で学ぶなかで、新興の托鉢修道会であるドミニコ会と出会い、入会を決意する。これは、トマスの家族にとっては大きな衝撃であった。というのも、田舎に大土地を所有するベネディクト会のような伝統的な修道会とは異なり、「托鉢修道会」であるドミニコ会は、財産も持たずに「托鉢」というような乞食まがいの生活をするあやしげな団体であり、そこに入会するなどということは、貴族にふさわしくないとんでもない選択肢としてトマスの家族には映ったからである。

トマスの家族は、トマスを旅先から強引に連れ戻して城に閉じ込めるというような拉致監禁行為までしてトマスを翻意させようとしたが、トマスの決意は固く、いかなる手段によっても翻意させることはできなかった。トマスを監禁している部屋に美しい少女を入れ、「貞潔」の誓願を破らせてまでトマスがドミニコ会士になることを妨げようとしたが、そのような手段によっても、トマスの意志を覆すことはできなかったのである。

トマスは、しばしば、カトリック教会の伝統的な教義を体系化し、カトリックの保守的で権威主義的な発想を体現した人物として批判的に捉えられることがある。

たしかに、トマスに依拠してものを考えようとする「トマス主義者」のなかにはそのような人物も存在するかもしれない。だが、トマス自身はそのような人物ではなかったということに注目する必要がある。自らの恵まれた出自を捨ててまで、新しい機運を担った托鉢修道会の運動に自発的に参与し、その中から何かを生み出していこうという開かれた強烈な意志の持ち主というトマス像が上記のエピソードからは浮かび上がってくる。そして、「修道院長」となるべく定められた自らの境遇から「逃亡」し、新たな何かへと眼差しを向け始めたトマスには、すぐに、彼の人生を決定するもう一つの出会いが待っていた。

アリストテレス革命

第三章は「アリストテレス革命」と題されている。このアリストテレスとの出会いこそ、トマスの人生を決定したもう一つの出会いにほかならなかった。ドミニコ会は、新しくラテン・キリスト教世界（現在の西ヨーロッパ）に入ってきたアリストテレスを重視しており、ドミニコ会への入会は、自ずと、アリストテレスとの出会いへとトマスを導いていったのである。

とりわけ大きかったのは、アリストテレスについての深い理解を有していた師であるアルベルトゥス・マグヌス（一二〇〇頃―八〇）との出会いである。内向的で授業中に発言することもなかったトマスについて、学生たちは、その巨体を揶揄《やゆ》しつつ「だまり牛」というあだ名をつけていた。そのトマスについて、アルベルトゥスは、「諸君はこの人をだまり牛と呼んでいるが、いいかね、このだまり牛が大声で鳴いて、その声で世界をいっぱいにする時が来るだろう」（七九—八〇頁）と予言し、その予言は見事的中したのである。

それまでラテン・キリスト教世界においては一部の論理学的著作以外には知られていなかったアリストテレスの膨大な著作群は、十二世紀半ば以降、イスラーム世界を経由して、ラテン・キリスト教世界に流入してきた。「万学の祖」と言われるアリストテレスの著作群は、動物論、自然学、数学、論理学から、倫理学、宇宙論、形而上学までを包括する体系的な性格の強いものであった。このようなアリストテレスの著作群に初めて直面したキリスト教世界の知識人たちの驚きは大きなものであった。キリスト教以外に、この世界の全体を説明しうる壮大な世界観が存在しうるという事実に本格的な仕方で初めて直面したからである。

それと同時に、アリストテレスのテクストの中には、キリスト教的な世界観と両立しないように思われるいくつかの問題点があった。そのうちの代表的なものの一つは、「世界の永遠性」の問題である。生物学者でもあったアリストテレスは、生物の「種」というものは永遠的なものだと考えていた。たとえば、「人間」という種についていえば、「太郎」

や「ソクラテス」といった「個」は何十年かの生涯を終えて滅びるが、人間という「種」自体は永遠的だと捉えていたのである。そして、そうした永遠的な種から構成されているこの世界全体も永遠的なものだとアリストテレスは理解していた、というのがアリストテレスについての有力な解釈であった。他方、キリスト教においては、世界には時間的な始まりと終わりがあると考えられていたのである。

このような事実に直面して、ラテン・キリスト教世界の知識人の中からは、三つに大別することのできる反応が生じてきた。一つ目は「保守的アウグスティヌス主義」と呼ばれる立場である。異教世界の哲学者であるアリストテレスの哲学をキリスト教世界に導入するべきではなく、キリスト教思想の基本的な方向性を定めた聖アウグスティヌス（三五四—四三〇）に由来する伝統的なキリスト教的世界観をそのまま維持すればよいという考え方である。

二つ目の立場は「ラテン・アヴェロエス主義」と呼ばれる立場である。イスラーム世界を代表するアリストテレス解釈者であったアヴェロエスに依拠しながらアリストテレス解釈を徹底的に進めていこうとする立場である。そして、彼らは、その哲学的な探求の成果がたとえ聖書に依拠したキリスト教的な世界観と異なるものであったとしても、哲学的探求の成果を「真理」として認めようとしていた。相異なる哲学的真理と宗教的真理の併存を認めるという意味で「二重真理説」と呼ばれることもある。

三つ目の立場は「中道的アリストテレス主義」と呼ばれる立場である。アヴェロエスに学びつつも、アヴェロエスとは異なる仕方でアリストテレスをより正確に理解することによって、アリストテレス的な世界観とキリスト教的な世界観とを新たな仕方で調和させ統合しようとする立場である。この立場に立っていたのが、ドミニコ会のアルベルトゥス・マグヌスとトマス・アクィナスなのである。「中道的」と言うと、どこか生ぬるい印象を受ける人も多いと思われるが、この立場が最も革新的な立場であった。というのも、アリストテレスの解釈を革新することを通じて、キリスト教神学にも新機軸をもたらそうとするものだったからである。

チェスタトンは、このような仕方におけるアリストテレスの受容のことを、「アリストテレスの受洗」という、トマス研究者たちによってしばしば使われてきた興味深い言い方で捉えている。アリストテレスにキリスト教の洗礼を施すという意味である。チェスタトンは次のように述べている。

アリストテレスは自ら偉大であり、その偉大さを知っている、いわゆる「大度の人」を描いた。しかし偉大でありながら、自らの卑小さを知っている人、つまりさらに程度の高い「大度の人」がいなかったならば、アリストテレスは自分自身の偉大さを再発見することは決してできなかったであろう。（一〇四頁）

「大度《だいど》（「高邁《こうまい》」「気高さ」などとも訳される）」とは、アリストテレスが『ニコマコス倫理学』で提示した「徳」の一つである。チェスタトンはその特徴を、「自ら偉大であり、その偉大さを知っている」と簡潔かつ的確に捉えている。トマスは、このような「大度」という徳をアリストテレスから受容しつつも、神の前で自分のありのままの小ささを知る精神を加味して真に偉大な人間の在り方を捉え直した。自らの偉大さのみではなく小ささをも合わせたありのままの姿を知る人間こそ真に偉大な人間なのである。

トマス・アクィナスの神学・哲学体系の全体を、「アリストテレスの受洗」という観点から捉え直すとはどういうことか、この例からその一端を垣間見ることができよう。

「生の賛美」「存在の賛美」としてのカトリック哲学

第四章は「マニ教徒に関する観想」と題されている。マニ教とは古代末期に栄えた二元論的な宗教であり、ゾロアスター教、仏教、キリスト教などの様々な要素を取り入れた折衷的な宗教でもあった。この世界を「善い神」と「悪い神」との闘いの場とみなす独自の世界観は、キリスト教に回心する前のアウグスティヌスを強く惹きつけたものでもあった。そして、このようなマニ教的な発想は、キリスト教の歴史において、形を変えながら繰り返し現れてきた。トマスの時代においては、「カタリ派」と呼ばれる二元論的な一派が南フランスを中心に活動していた。そして、トマスの属していたドミニコ会は、カタリ派をカトリックに立ち戻らせることをその使命の一つとしていたのである。

チェスタトンは、「マニ教」の特徴を、「何らかの意味で、自然は悪である、あるいは少なくとも悪は自然に根ざしているという考え」（一二七頁）と捉えている。

それに対して、「カトリック哲学」の「第一義的にして基本的な部分」は、「生の賛美、存在の賛美、世界の創造主としての神の賛美」（一二六頁）だとチェスタトンは述べる。そして、この点を理解しない人はトマス哲学すなわちカトリック哲学を理解することはできない、とまで述べるのである。

世界全体に対する肯定の眼差しを軸にカトリック精神を捉えようとするこのようなチェスタトンの姿勢は極めてまっとうなものである。また、チェスタトン自身が引用しているように、「神はすべてのものを見、それらをよしとし給えり」（一二九頁）という「創世記」の創造物語以来のキリスト教の基本的な発想に基づいたものだとも言える。

チェスタトンの論述において極めて特徴的なのは、肯定的な眼差しに基づいて神を中心としたこの世界全体を捉え直すというキリスト教的な課題に対するトマスの個人的な適合性を強調している点である。チェスタトンによると、それは、「本能的なもの」と呼ぶこともできるし、「気質的」と呼ぶこともできるが、本書全体のなかで最も有名な部分の一つでもあるので、引用しておきたい。

大いなる光のような感じで、聖トマスの著作のうえ一面にただよっているものがある。それは何かまったく基本的な、たぶん彼自身も気づかない事柄である。それを彼自身もたぶん場ちがいの個人的なものとして無視してしまったであろう。それはむしろ安っぽいジャーナリスティックな、トマスならおそらく無意味だと考えたであろう用語によってのみ現在では表現可能なものである。

そういう雰囲気を表現するに唯ひとつ役に立つ言葉を持ち出すなら、それは楽観論という言葉である。(一三五—一三六頁)

トマス・アクィナスの肯定の精神をこれ以上に見事に歌い上げた文章を、寡聞《かぶん》にして他に知らない。このような根本的なヴィジョンをもとに、チェスタトンは、トマス哲学の基本構造の分析へと進んでいく。

「常識」に基づいた肯定の哲学――トマス哲学入門

第五章は「本物の聖トマス」、第六章は「トマス哲学入門」、第七章は「久遠の哲学」、第八章は「聖トマス以後」と題されている。これらの四つの章、とりわけ第六章と第七章は、トマス哲学についての入門的な考察となっている。相互に連関する重要な論点が章をまたいで登場するので、これら四つの章をまとめて取り上げていきたい。

「トマス哲学は常識の哲学である、ということ自体すでに常識となっている」（一七九頁）という第六章冒頭のチェスタトンらしい気の利いた表現のうちに、トマス哲学に対するチェスタトンの基本的な評価が見事に表現されている。哲学者はしばしば、「一般の人が健全な見方と呼ぶものを犠牲にすることを要求する奇妙な見解」（一八一頁）から出発することがあるが、トマスはそうではない。トマスは「常識」から出発するのである。

それでは、どのような「常識」からトマスは出発するのか。それは、「何かが存在する」という「常識」である。もう少し哲学的な言い方で言うならば、「精神と実在との間に真の掛け橋がある」（一八五頁）という捉え方である。それは、この世界を信頼するところから探求を始めると言い換えることもできるだろう。近代哲学の出発点を築いたデカルトは、すべてを疑うところから探求を始めた。いわゆる「方法的懐疑」である。他方、トマスは、「あるということがあるんだ」（二〇八頁）という、ある意味子供ですら理解できる人間の基本的な経験から出発したのである。そのうえで、トマスは、「これまでうまくくつがえされたことのない長い論理を展開してキリスト教の全宇宙的体系を実在のこの鋭い針の先に打ち建てる」（同）のである。トマス哲学のこのような特徴を見事に捉えたチェスタトンの記述を引用してみよう。

トマス哲学の常識の本質は、二つの力、すなわち実在と実在の認識とが作用していて、それら二つの出会いは一種の結婚だということである。それは実りをもたらすがゆえに、真の意味で結婚である。〔中略〕マリタン氏はその『テオナス』（*Theonas*）という著述の中で、蜜蜂が花に受精させるように、外なる事実は内なる知性に受精させる、という賞賛すべき比喩を用いている。ともかく、聖トマスの全体系は、いってみれば、そのような結婚の上に打ちたてられている。神は人間を、実在と接触できるように創造し給うたのである。（二三三頁）

二十世紀を代表するトマス研究者の一人であり独自の思想家でもあったジャック・マリタン（一八八二―一九七三）の魅力的な言葉も引用しつつチェスタトンが述べているのは、

人間はこの世界と手応えのある仕方で生き生きと触れ合うことができる存在だということであり、そのような仕方で「実在（reality）」と接触することができるように人間は神によって創造されたというのが、トマス哲学の基本構造だということである。

人間は、自らとは何の関係もない荒涼とした世界の中に意味もなく投げ出されているのではなく、自らと響き合うことのできるこの世界との触れ合いのなかで、自らの人生を確固とした手応えを伴いながら形成していくことができる。そのような積極的で楽天的な人間像がここには見出される。チェスタトン自身が述べているように、「楽観論（optimism）」とか「楽観的」という言葉には、どこか軽薄で安易な匂いが漂っているが、チェスタトンが捉えるトマスの人間観は、いわば、「確固とした楽観主義」とでも言うべきものなのである。

ルター的な発想との対決

「神」という究極的に肯定的な存在を認めるのであれば、上記のような楽観的な人間観が帰結しても当然だろうと思う人が多いかもしれない。だが、それは事実ではないのである。そのことを最終章の「聖トマス以後」で述べて本書は閉じられている。そこで登場するのは、「宗教改革」の立役者であるマルティン・ルター（一四八三―一五四六）である。「恩寵のみ」「聖書のみ」「信仰のみ」をスローガンに掲げて「改革」の狼煙《のろし》を上げたルターは、中世のスコラ哲学が、異教世界の哲学者であるアリストテレスに依拠していた点を痛烈に批判し、「聖書のみ」に基づいてキリスト教を構築し直すことを目論んだのである。そうしたルターの試みについてチェスタトンは次のように述べている。

自然的な物がすべて役に立たぬ世界で、キリストの慈悲と超自然的助けとを求めてほとんど聞きとれぬ叫び声をあげる以外には、人間は神に対しても、神からのものも、神についても何も言えないのである。理性は無用であった。意志も無用であった。人間は石と同じように自分自身をほんのちょっぴりも動かせなかった。（二四四―二四五頁）

トマスの有名な言葉に、「恩寵は自然を破壊するのではなく、むしろそれを完成させる」（『神学大全』第一部第一問題第八項異論解答二）というものがある。神が人間に授ける特別な恵みすなわち「恩寵（gratia）」は、神の特別な介入を受けないこの世界の自然な動きを徹底的に超えるものとして、「超自然的」と言われる。そして、この世界が、そして人間が、絶対的で「超自然的」な神のはたらきかけを受けるからといって、人間一人ひとりの「理性」や「意志」が「無用」になったりはしない。人間は「理性」によってこの世界（「実在」）と触れ合い、理解を深めながら、自らの「意志」に基づいて行為しつつ、様々な他者との、そして創造者である神との関係性を構築しながら生きていく。そうした「自然的」な次元を重視する点において、トマスの発想は、ルターの発想とは根本的に異なっている。そうした自然的な次元を大切にしたうえで、それを完成させるものとして、神によるはたらきかけ＝恩寵を捉えるところにトマスの発想の特徴がある。アリストテレスは、そのような自然的な次元について理性による徹底的な探求を行なった哲学者なのであり、アリストテレスに依拠するとは、単に異教世界の発想に依拠するということではなく、人間にとって普遍的な「理性」に依拠することだとトマスは理解していたのである。

チェスタトンは、本書において、トマスの言葉を引用することはせずに、長年かけて徹底的に咀嚼《そしゃく》したトマスの思想を自らの言葉で語り明かしており、その手腕は極めて見事なものである。チェスタトンの記述を通じて浮き彫りになった、徹底的に肯定的なヴィジョンの持ち主としてのトマス像を念頭に置きながら、読者の一人ひとりが、トマス自身の残したテクストの大海へと挑戦していかれることを強くお薦めしたい。

（やまもと・よしひさ　東京大学大学院総合文化研究科教授　哲学・倫理学）

本書は、一九七六年十二月八日、春秋社より刊行された『G・K・チェスタトン著作集6』所収の『聖トマス・アクィナス』を文庫化したものである。文庫化にあたっては、山本芳久氏の協力のもと、明らかな誤りは適宜訂正し、〔 〕で補足説明を行なった。また、一部固有名詞の表記を現在通例のものに置き換え、ルビも増やした。本文中には、現在の人権意識に照らして不適切と思われる表現があるが、訳者が故人であるため、そのままとした。読者諸賢のご理解を願いたい。

『歎異抄』講義　阿満利麿

参加者の質問に答えながら碩学が一字一句解説した『歎異抄』入門の決定版。読めばなぜ南無阿弥陀仏と称えるだけでいいのかが心底納得できる。

道元禅師の『典座教訓』を読む　秋月龍珉

「食」における禅の心とはなにか。道元が禅寺の食事係である典座の心構えを説いた一書を現代人の日常の視点で読み解き、禅の核心に迫る。（竹村牧男）

原典訳　アヴェスター　伊藤義教訳

ゾロアスター教の聖典『アヴェスター』から最重要部分を精選。原典から訳出した唯一の邦訳である。比較思想に欠かせない必携書。（前田耕作）

書き換えられた聖書　バート・D・アーマン　松田和也訳

キリスト教の正典、新約聖書。聖書研究の大家がそこに含まれる数々の改竄・誤謬を指摘し、書き換えられた背景とその原初の姿に迫る。（筒井賢治）

カトリックの信仰　岩下壮一

神の知恵への人間の参与とは何か。近代日本カトリシズムの指導者・岩下壮一が公教要理を詳説し、キリスト教の精髄を明かした名著。（稲垣良典）

十牛図　上田閑照　柳田聖山

禅の古典「十牛図」を手引きに、自己と他、自然と人間、自身への関わりを通し、真の自己への道を探る。現代語訳と詳注を併録。（西村惠信）

原典訳　ウパニシャッド　岩本裕編訳

インド思想の根幹であり後の思想の源ともなったウパニシャッド。本書では主要篇を抜粋、梵我一如、輪廻・業・解脱の思想を浮き彫りにする。（立川武蔵）

世界宗教史（全8巻）　ミルチア・エリアーデ

宗教現象の史的展開を膨大な資料を博捜し著された人類の壮大な精神史。エリアーデの遺志にそって共同執筆された諸地域の宗教の巻を含む。

世界宗教史1　ミルチア・エリアーデ　中村恭子訳

人類の原初の宗教的営みに始まり、メソポタミア、古代エジプト、インダス川流域、ヒッタイト、地中海地域、初期イスラエルの諸宗教を収める。

世界宗教史2
ミルチア・エリアーデ
松村一男訳

20世紀最大の宗教学者のライフワーク。本巻はヴェーダの宗教、ゼウスとオリュンポスの神々、ディオニュソス信仰等を収める。（荒木美智雄）

世界宗教史3
ミルチア・エリアーデ
島田裕巳訳

仰韶、竜山文化から孔子、老子までの古代中国の宗教と、バラモン、ヒンドゥー、仏陀とその時代、オルフェウスの神話、ヘレニズム文化などを考察。

世界宗教史4
ミルチア・エリアーデ
柴田史子訳

ナーガールジュナまでの仏教の歴史とジャイナ教から、ヒンドゥー教の総合、ユダヤ教の試練、キリスト教の誕生などを収録。（島田裕巳）

世界宗教史5
ミルチア・エリアーデ
鶴岡賀雄訳

古代ユーラシア大陸の宗教、八―九世紀までのキリスト教、ムハンマドとイスラーム、イスラームと神秘主義、ハシディズムまでのユダヤ教など。

世界宗教史6
ミルチア・エリアーデ
鶴岡賀雄訳

中世後期から宗教改革前夜までのヨーロッパの宗教運動、宗教改革前後における宗教、魔術、ヘルメス主義の伝統、チベットの諸宗教を収録。

世界宗教史7
ミルチア・エリアーデ
奥山倫明／木塚隆志／深澤英隆訳

エリアーデ没後、同僚や弟子たちによって完成された最終巻の前半部。メソアメリカ、インドネシア、オセアニア、オーストラリアなどの宗教。

世界宗教史8
ミルチア・エリアーデ
奥山倫明／木塚隆志／深澤英隆訳

西・中央アフリカ、南・北アメリカの宗教、日本の神道と民俗宗教。啓蒙期以降ヨーロッパの宗教的創造性と世俗化などを収録。全8巻完結。

回教概論
大川周明

最高水準の知性を持つと言われたアジア主義者の力作。イスラム教の成立経緯や、経典などの要旨が的確に記された第一級の概論。（中村廣治郎）

神社の古代史
岡田精司

古代日本ではどのような神々が祀られていたのか。《祭祀の原像》を求めて、伊勢、宗像、住吉、鹿島など主要な神社の成り立ちや特徴を解説する。

ちくま学芸文庫

聖《せい》トマス・アクィナス

二〇二三年八月十日　第一刷発行
二〇二三年十月二十日　第四刷発行

著者　G・K・チェスタトン
訳者　生地竹郎（おいぢ・たけろう）
発行者　喜入冬子
発行所　株式会社　筑摩書房
東京都台東区蔵前二―五―三　〒一一一―八七五五
電話番号　〇三―五六八七―二六〇一（代表）
装幀者　安野光雅
印刷所　星野精版印刷株式会社
製本所　加藤製本株式会社

ISBN978-4-480-51202-4 C0110